新潮文庫

葬送の仕事師たち

井上理津子著

新潮社版

10859

目次

葬送の仕事師たち

本文中の年齢、肩書き、価格等は一部をのぞき取材当時のものです。

第一章　「葬儀のプロ」を志す若者たち

教室に入って、「しまった」と思った。濃紺のニットジャケットを羽織っていたものの、その下が水色のチュニックとレギンスという自分の軽装が、ひどく場違いだったからだ。

教室の後方には白木の祭壇が置かれ、遺影や花が飾られている。祭壇は、幅二メートル以上、高さは私の背丈以上で、三段の階段上に小型の神社が載っかったような、重厚なもの。壁面に仏壇も二つ。あと教室にあるのはごく普通の机と椅子《いす》だが、黒のスーツを誰ひとり着くずすことなく、びしっと着用した二十人余りの男女の学生で埋まっていたのだった。「黒」はスーツだけではない。髪の毛も全員が黒い。

チャイムが鳴り、教員が入室すると、「起立」「礼」。男子学生たちは左右の手の指先まで真っすぐ伸ばし、女子学生たちは両手を前にそろえて重ね、いっせいに九十度近く深々と頭を下げる。着席した後は、背筋をぴんとまっすぐに伸ばした姿勢だ。後ろから見ていて、机に肘《ひじ》をつく者、足を組む者すら一人もいないことに気づいた。
ここは、神奈川県平塚市にある日本ヒューマンセレモニー専門学校。六階建てのビルに、フューネラルディレクターコース、エンバーマーコース等を擁する、昼間二年制の専修学校である。フューネラルディレクター、エンバーマーという言葉は耳に新しいのではないか。「フューネラル（funeral）」とは、葬式、葬儀、告別式の意味、「エンバーマー（embalmer）」とは、遺体に修復、殺菌、防腐処置など（エンバーミング）を行う技術者を指す。「葬儀のプロ」を育てるという、国内に四校ある専門学校のうちの一校だが、エンバーマーコースを擁するのはここだけだ。私が見学したのは、一年生のフューネラルディレクターコースとエンバーマーコース合同のクラス編成で、授業が行われる教室だった。

黒スーツの学生たちが目指すのは葬儀社への就職である。葬儀業界は、ひと昔前まで、一般的には怖がられたり避けられたりしてきた業界と言っていいと思う。いったいどのような学校なのか。少々いぶかしみながら足を踏み入れたのだが、まずもって、教室の凛《りん》とした空気に気圧《けお》されたのだった。

「はい、五ページ。『腐敗の進行について』。前回のおさらいからいきますよ」
と、「施行技法（受付・遺送）」の授業が始まった。教員は、笑顔が人のよさを物語る、三十代とおぼしき男性で、テキストは「ご遺体の状態変化とドライアイス」と題された手作りのプリントの束である。箇条書きの文章のところどころが（　）で括《くく》られ、抜けているものだった。

「まず、初期腐敗について。下腹部のナントカナントカが出現します、とありますね」

「ナントカナントカ」が（　）の部分である。「腐敗」とは、遺体の腐敗のことだ。私がとっさに頭に思い描いたのは、息が止まり冷たくなった人の体が薄黒みを帯びてゆく、少々不気味な様だが、その言葉の持つ重いイメージと、穏やかで、かつ軽快な語り口のギャップに、目を丸くした。

「わかりますか。『ヘンショク』ですね。下腹部からヘンショクしていきます」

教員の声はとことん明るい。「変色」と板書する。書き慣れていそうな、美しく見やすい字だ。

「そして、次、ナントカナントカが発生します。そう、『フハイシュウ』ですね」と、「腐敗臭」と板書を続ける。以下、ナントカナントカが指す言葉を端的に説明し、板書しながら授業が進む。

「遺体内部での腐敗は容赦なく進行するので、早急の処置が必要です。ある程度腐敗が進んでくると、細い血管とかに微生物が繁殖してしまいます。一度腐敗すると、戻すことができないから、エンバーミングするにも一刻も早いほうが望ましいわけですね。

次、中期腐敗として、下腹部の変色がナントカナントカに拡大されます。わかるかな？　はい、じゃあ、○○」

当てられた学生が、「胸部」と答える。

「そう、下腹部の次に腐敗が進行するのは胸部です。そして、腹部のナントカナントカ、これは『膨満化』ですね。膨満化が開始します。次、ナントカナントカの破壊が進行します、って、このナントカナントカは？　はい△△」

△△さんから回答がない。

「うーん、わかんないですか？　血管の中でも最も細い『微細血管』ですね。覚えておきましょう。中期腐敗まで進むと、エンバーミング処置も困難になります。続いて後期腐敗では、腐敗水泡や腐敗ガス泡が発生し、ナントカナントカが露出する要因となる。これは？　△△」

「ええっと、真皮《しんぴ》ですか」と△△さん。

「そう、真皮。表皮の下の結合組織層。それで、皮下組織や筋肉内にガスが溜《た》まり、全身が緊満化するんでしたね」

私は、板書された「緊満」の意味がわからず、こそこそとスマホで調べる。スマホの辞書には出てこなかったが、「ヤフー知恵袋」のQ＆Aにこんな記述があった。

〈腹部緊満とはなんでしょうか？　腹部膨満とはなにがちがうのでしょうか？〉

〈学生指導にもたずさわる現役看護師です。

本来、緊満という医療用語はありません。ですが常用的に膨満∧緊満という表現で使われることが多いです。

腹部膨満＝腹部がポッテリしている様子、腹壁がソフト

腹部緊満＝腹部が膨満しすぎて皮膚も張り切っている様子、腹壁はややハード

の様な感じです〉

つまり、「はちきれんばかりに張ること」だろう。

「時間の経過によって筋肉が弛緩《しかん》していくと、口がガバーと開き、ガスが出始めると目玉も出てきてしまいます。そして、口や鼻から体液がじわじわとにじみ出してしま

う。僕は何度も経験しましたが、何度経験してもあれは辛《つら》いですね。そんなことにならないように、はい、次のページ、腐敗防止の対策について……」

私の耳には、「口がガバーと開き……目玉も出てきてしまう」のくだりがこびりついた。

九十分の授業はこのような調子で、温度と腐敗の因果関係の説明から、遺体の冷蔵保存、保存薬剤、外科的処置、物理的処置それぞれの利点と欠点の詳細な解説へと続いた。終始、学生たちは食い入るような目付きで、教員を、黒板を、そしてプリントを見ている。私語など一つも聞こえてこなかった。

私は近年、大学や専門学校の授業を取材したことがあるが、あまりにも違う。この授業が特段の科目だからなのか。この学校ではどの授業も同様に気迫に満ちているのか。もう少し見学しなければわからない。もう一コマ、この授業と同じクラス編成、教員による「施行技法（室内装飾）」を見学した。

「枕《まくら》直し・枕飾り」と題したプリントが配られ、授業が始まる。

「枕直しは、お亡《な》くなりになられた方を、宗旨に合わせて寝かせ変えることです。仏式の場合はナントカナントカというお釈迦《しゃか》様が入滅された姿勢に習うんですね。はい、このナントカナントカは？」

当てられた女子学生が、すかさず「ズホクメンサイウキョウガ」と答える。私は、すぐに漢字が思い浮かばなかったが、板書されて「頭北面西右脇臥」と書くと知った。釈迦が頭を北、顔を西に向け、右脇《わき》を下にして亡くなったとされること、これがいわゆる「北枕」のルーツだと、教員が説明した。私には初耳だった。学生たちにとっては前回の「復習」にあたるようで、漢字に詰まることもなく、すらすらとノートをとっている。

「枕飾りの意味は」「ドライアイス・清拭《せいしき》の手順は」「出棺の際に棺桶《かんおけ》を釘打《くぎう》ちするのはなぜか」「祭壇に飾る葬具、壁面などに張る幕の意義は」など、やはりナントカナントカを随所にはさみ、質疑応答を繰り返しながら、穏やかな語りで進行したこの授業にも、学生たちの気迫がみなぎっていた。

私は「気迫」に慣れてきた。授業の領域にもなるほどと思えてきた。

次に、フューネラルディレクターコース二年生の「フューネラルビジネス概論」二コマも見学した。一コマは学生が二人一組で葬儀社員とお客さんの役をするロールプレイングだった。受注の電話を受け、的確に用件を聞きながら、「御愁傷様でございます」の文言をタイミングよく、心を込めて発するところが要《かなめ》のようで、年配の教員から辛口の批評が飛び続けた。この教員は、現場経験が二十年以上という。

もう一コマは、二限にわたる白木の祭壇を組み立てる実習。祭壇は十いくつものパーツによる組み立て式だった。五人一組で、真言宗、浄土真宗それぞれの祭壇を組み立て、掛け軸や遺影、位牌《いはい》、花、供物《くもつ》などを配置していく。配置場所や向きのほんの少しの間違いを教員が指摘し、「現場では……」の経験談や宗派によって異なる僧侶《そうりょ》の鈴《りん》の鳴らし方の説明なども付加された。学生たちが、一言ひと言を聞き逃さないぞとばかり丹念にメモを取る姿があった。般若心経《はんにゃしんぎょう》を全員で唱えて（学生たちは暗誦できた）、実習が終わった。

二年生のゼミでは、「大型葬」をテーマに、その歴史的経緯や仏教宗派との関係、社葬の発展史などを、五人の学生が発表した。参考資料の多くが「ネットから」という、今どきの調べ方ではあったが、事例をあげてデータを示し、照査した後に意見を述べる形式に則《のっと》っていた。教員は温かい口調で講評した。

さらに、一年生両コースの一般教養授業「実用マナー」。これは元航空会社の客室乗務員だという外部の女性マナー講師によるもので、発声練習とストレッチから始まった。

「おしゃれは自分のため、身だしなみは周囲の人のためにするものです」

「相手を安心させる距離は七十センチから百二十センチ。お客様と机をはさんで打ち合わせるときは、斜め四十五度の角度に座りましょう」「おしゃれも身だしなみも靴からです。靴にお金をかけましょう。お金をかけられない人は磨きましょう」などと指南があった。

その後、人を惹《ひ》き付ける語りの練習だろうか、学生が次々に日常生活での「失敗談」を三分にまとめて発表するという流れだった。失敗談は、起承転結に則って話す者もいれば、結果を先に言ってから状況説明をする者もいて、思いつきのトークではなく皆が予《あらかじ》めしっかり話を練ってきていると窺《うかが》い知れた。

長々と書いたが、二日にわたって見学した六コマの授業とも、意表をつかれた。繰り返すが、黒スーツをびしっと着用した学生たちの真摯《しんし》な受講態度（あるいは、実習でてきぱきと動く姿）と、教員たちの熱心な授業ぶりに興味をそそられると共に、「葬儀」にはさまざまなアプローチがあるのだと感心した。

もう一つ言うと、学校の「お客さん」である私と階段ですれ違うとき、大半の学生が手前の段で立ち止まって一礼してくれた。入るべき教室を探していたとき、「どちらに行かれますか」と笑顔で声をかけ、案内してくれた学生もいた。後生畏《おそ》るべし。「気配り」の校風だ。しかし、私はへそ曲がりである。「画一的」「没個性」「洗脳」といった言葉が頭に去来したことも否《いな》めない。

二〇一三年の入学生は、フューネラルディレクターコース三十三人、エンバーマーコース十八人。二年生が両コース合計三十一人。男女はおよそ半々だという。

まず、フューネラルディレクターコースに絞って書く。学校案内パンフレットによると、二年間の授業料など納付金合計百八十二万円（教材費別途＝二〇一二年度）。決して安くない金額を払ってこの学校に通う学生は、どんな若者たちなのか。

「あの人のような仕事をしたい」

「中学一年のときに、北海道・室蘭《むろらん》に住んでいた父方の祖父のお葬式に出たのがきっかけです」と、二年生の庄愛子さん（一九）。茅《ち》ヶ崎《さき》の自宅から通う地元っ子だ。ストレートの長い黒髪をおしゃれに束ね、美形で快活なお嬢さんである。

祖父の晩年、父との関係があまりよくなかったようで、「おじいちゃん・おばあちゃんち」とは疎遠《そえん》になっていたが、盆や正月に行き来した幼い頃に「優しいおじいちゃん」だった思い出を胸に、父母と遠路かけつけて葬儀に参列した。その葬儀の担当者が女性で、一人でいた自分に何かと優しい声をかけてくれた。その人の司会進行の中で、じつは父が祖父の連れ子だったこと、〝祖母〟と自分は血のつながりがなかったことを知る。

「他の方法で知っていたら、当時の私は動揺していたかもしれません。でも、葬儀社のその女性担当者は、楽しいことも悲しいこともあった祖父の人生を、感情を込めてナレーションしてくれて感動したんですよ。今思うに、おかげで、子どもながら祖父の人生に共感できたのだろうと思います。大人になったら私もあの人のような仕事をしたいと、十二歳で決めていました」

中二、中三、高校と長じても、その思いがブレることがなかったのはなぜ？　の質問には、「自分でもまったくわからないです」。高校の教員から葬儀の学校があると聞き、「私の進む道だ」と思った。迷うことなく、高校卒業後すぐに入学したという。

「どの授業も、『聞いてやる！』って感じで前列に座ります」と笑った。

数人に志望動機を聞いたが、彼女のように、多感な年頃に祖父母を亡くし、初めて出た葬儀に「感動」したからという学生ばかりだった。

徳島県出身の荒瀬恵人さん（二〇）も、高校二年のときの祖父の葬儀がきっかけだ。祖父が鉄工所に勤務していたときの友だちが大勢弔問に来てくれた。「祖父は皆に好かれ、いい人生を送ったんだと思えたこと」「出棺のとき、祖父が好きだった演歌がかかり、涙がこらえきれなくなったこと」が記憶に鮮明だという。高校卒業時に葬儀社への就職を希望したが、叶《かな》わなかった。

「大卒の人が採用されていたんですね」

性格を表すかのように、おっとりした口調だ。諦《あきら》めて、地元の福祉用具販売会社に勤めた三か月後に、テレビの情報番組でこの学校が取り上げられているのを見て、目が釘付けになった。すぐさま学校案内資料を取り寄せ、翌春に入学した。農協に勤める父と母が、遠く関東の学校にもかかわらず「背中を押してくれた」のは、それまで「感情をあまり表に出さないほう」だったのに、そのとき「絶対に行きたい」と強い意志を示したからだろうという。

「学校に来て一番良かったのは?」と問うと、しばらく考え込んだ後、

「原価二万円ほどの棺が、七万円とか八万円とかの値段で売れるのを知ったことです」

と答えた。周りの学生が「なんてことを言うの」という困惑の顔になった。荒瀬さんは、「すみません、僕、喋《しゃべ》るの下手で」と頭をかき、ぼそぼそと言葉を補足した。

「葬儀社は、目に見えない仕事をいっぱいするとわかったんです。亡くなった方に、お棺でどうやってお休みいただくか。着替えやご納棺などの実務もあるけど、それだけじゃなくて、大切な方を亡くして悲しんでいるご遺族を心で支える部分が、棺の原

価と売り値の差額だと思います。ご遺族に何万円分もの満足をいただく、すごい仕事。だから本当に一所懸命にやらなきゃいけない。そんなふうにわかったのは、この学校に来たからだと思うんです」

周りの学生から、困惑の表情は消えた。

「実習で、亡くなって一か月後に見つかった孤独死の方のお通夜《つや》に立ち会わせてもらいました。とても棺を開けられない状態で、ビニールの袋の中に、ズボン、シャツ、下着など亡くなったときの着衣が入れられていました。嗅《か》いでみたら、腐ったヨーグルトとチーズを混ぜたような、なんともいえない生臭い匂《にお》い。聞いていたより何倍もすごかったです。でも、うまく言えませんが、葬儀社というのはご遺体あっての職業だと思う。遺体が僕を呼んでいる、みたいなミッションを感じました」

そうつないだ自分の言葉が気恥ずかしくなったのか、「それに、祖父のお葬式のときの人も、『おくりびと』のモックン（本木雅弘さん）も礼儀正しくて、かっこよかったし」と笑った。

学生は全国から来ている。葬儀社の跡継ぎも大卒もいる。

静岡県出身の松井那都美さん（二三）は、この学校を卒業すると実家の葬儀社を継ぐ予定だ。

少女の頃、「お前んちは人の不幸で儲《もう》けてるんだろ」と友だちにからかわれた家業にいいイメージはなかった。スポーツが得意で、愛知県の大学の体育学部に進んだ。三つ上の兄が継がないと宣言した後、「矛先がこちらに向いてきた」と感じたものの、三代目の父（五九）は「自分の代で終わりにしてもいい」と言った。後継についての重圧はあまりなく、「スポーツトレーナーを目指そう」と思っていたが、大学三年のときに母方の祖父の葬儀に出て気持ちが百八十度変わった。

「祖父は離れた町に住んでいたので、その町の葬儀社さんによるものだったのですが、お葬式にちゃんと出るのは生まれて初めて。できれば出たくないものだと思っていたのに、そうでなかった。泣けてきて泣けてきて……すごく泣いた後、『おじいちゃん、お疲れさまでした』って笑顔で送ることができた、温かいお葬式だったんです。葬儀社ってサービス業だ、すごくいい仕事だと思えたんです」

創業百余年の実家の葬儀社は、社員十人ほど。若い四代目として「人の上に立つ」ことになる不安はある。大学卒業後、他の葬儀社に勤めて「修業」するか、あるいはホテル等に就職し、広くサービス業を勉強することも考えたが、父に「学校に行って、葬祭業の幅広い知識を得るほうがいい」とアドバイスされて入学した。

「正解でした。ご遺体に触れるとき、実家の葬儀社では今も素手なんですが、亡くなった人の約七割が何らかの感染症を持っていると授業で習ってびっくりでした。実家の葬儀社でも手袋を着用しようと、すぐにも取り入れていきたい」と目を輝かせる。「制服、いやじゃない？」「なんでこんなこと勉強するのと思う授業ない？」などと意地悪なことも何人かに聞いてみたが、そんな質問は空回りした。「いやなら最初から来ませんよ」「面白くない授業は一つもない」と皆が言うのに、裏も表も感じられなかった。荒瀬さんは、「毎日家で一時間以上予習復習をして、やっと授業についていける」。庄さんは、「アルバイトも、後の仕事に役立つ接客やコミュニケーションを学べるところでしないと意味がないと思い、音楽教室の受付をしている」とも言った。私は、用意してきていた「忌避されてきた職業だということに抵抗感はなかったですか」「遺体に触るの、怖くないですか」という質問をひっこめた。愚問と思えてきたからである。

常勤教員に話を聞いた。見学した授業で、ゼミの担当だった校務主任の米山誠一さん（三八）と、「施行技法（受付・遺送）」の授業担当だった石川祐さん（三二）だ。二人とも、グループ会社の株式会社サン・ライフ（冠婚葬祭会社）の式典部（葬祭部門）からの転籍で、葬儀の現場経験をそれぞれ十年近く積んでいる。「先生」になって、米山さんは十一年、石川さんは一年だそうだ。

「皆、目的意識がはっきりしていて、志が高く熱意があることに驚かされます」と米山さんが言う。「学生のあの食いつきはなんだろう。若いのに葬儀屋を目指してるってなんだろうと思わないこともないですよ。でも、ほんとに食いついてきてくれるから、応《こた》えようと授業を工夫する。必死です」と石川さんも目を細める。

「重い内容の授業も、明るく行われていたので、正直、びっくりしました」

　と率直な言葉を投げると、石川さんは、

「中には親を亡くした子がいるかもしれないので、ものすごく気を遣っています。学生に、もしも不快に感じる部分があれば、言ってきてねと伝えています」と、まず言った。そして、すでに学生との間に「ご遺体はモノではない」というコンセンサスがとれているからこそ、くだけた口調で生々しい話もするのだと言い添えた。

　お辞儀など立ち居振る舞いについては、入学後すぐに教える。それを日々の授業等で繰り返すので、修得は早いという。在籍する学生の年齢は十八歳から三十七歳まで。進学校から底辺校まで出身高校の偏差値はまちまちだが、最も大切なのは「熱意」。出発点に差異はないという。

葬祭ディレクター技能審査

横道にそれるが、米山さんと石川さんに「なぜ葬儀業界に入ったのですか」と聞いてみた。

「私大の経済学部にいて、特に職種の希望はない中で就活の時期になったんです。氷河期だったので、不動産や流通など私立文系で受けられる企業を片っ端から受けました。すると、自分は人と接する仕事をやりたいのだとわかってきて、たまたま『冠婚葬祭』のサン・ライフの求人を見つけた。よくわからないけど、ホテルとかより、『哀《かな》しみの儀式のお手伝い』と説明されていた葬祭のほうが、人と深く接しそうだなと思って。実際の仕事のイメージは全然ないまま、入社しました」（米山さん）

「小学生のときに水木しげるの『ゲゲゲの鬼太郎』を読んだのがきっかけといえるかもしれません。妖怪《ようかい》って何？ 迷信って何？ から入って、中学生くらいから民俗学に興味を持ったんです。婚姻儀礼や葬儀儀礼、お釈迦様の教えって？ と。ひろさちや先生の『阿闍世王《あじゃせおう》物語』を読み、『日本霊異記《りょういき》』や『今昔物語集』も読破した。さまざまな儀礼は仏教説話が元になっているとわかってきて、大学は仏教学科へ進みました。でも、四年間遊んでいたようなもの（笑）。就活は葬儀と周辺の業界に絞ってしたので、頭はこっち向いてたんでしょう。仏壇屋なども受けましたが、最初に内定をもらったのがサン・ライフだったというご縁です」（石川さん）

米山さんは、二か月間の研修後の初仕事が「衝撃的だった」そうだ。「病院へお迎えに行くぞ」という先輩に同行して対面したのは、「銀色の解剖台の上に横たわる、素っ裸のご遺体」。解剖後の遺体だった。「こんなことも葬儀社の仕事なのか」と足がすくんだ。見よう見まねで、縫合傷の上に絆創膏《ばんそうこう》を貼《は》り、体液が出ないように口、耳、鼻、尻の穴に綿を詰め、服を着せた。

通常午前八時に出勤し、終業はお通夜が終わる午後八時か九時になる。泊まり勤務も少なくなく、拘束時間が「半端なく長い」上に、新入社員の頃は「怒られてばっかり」。外現場（寺や自宅での葬儀など、屋外にテントや幕を張る必要のある現場）も多かったため、「就職祝いに叔母さんがデパートで買ってくれた、三万円以上もした舶来の革靴が三か月でダメになった」ほどキツかったそうだ。

一方、石川さんは、最初のうち、遺体に当てるドライアイスが冷たく重いことに「ショックを受けた」が、やがて一人の先輩がドライアイスを置く際に、遺体との間にそっと手をはさんでいることに気づいた。遺族が「故人に冷たい思いをさせている」と心を痛めないための配慮だと知り、自分も真似《まね》るようになった。先輩たちは「息をしても怒られるんじゃないかと思うほど厳しかった」が、やがて「こんな私でも一所懸命に働くとお客さんは喜んでくれる。この仕事冥利《みょうり》につきる」と実感するようになったという。

「予定の立たない仕事です。入社してからしばらくは、担当の先輩をサブで手伝うんですが、三か月後に、オフでたまたま新潟県の温泉に遊びに行っていた日に『お前が生前相談を担当した人が亡くなられた。（初めての）担当をやってみるか』と会社から電話がかかってきたんです。『やりますやります、やらせてください』って、車をすっ飛ばし、一目散に戻ってきました」

「合わない人は早くに辞めていくが、合う人には合う」「葬儀は、完璧《かんぺき》に行えましたという〝百点満点〟がない。もう少しこんなふうにしたら、もっと喜ばれたかもしれないといつも考える、深くて面白い仕事です」と、二人は口をそろえる。

「お二人のように、『習うより慣れろ』の業界なんでしょう？　授業の有り様《よう》に驚きました」と言った私に、石川さんは、

「たとえば祭壇なんですが」

と、教室後部の白木祭壇を指した。

「この灯り、どう呼ぶか知ってますか」

「いいえ」

「六つの灯りと書いて、六灯《ろくちょう》と言います。仏教で人が亡くなった後に生まれ変わる先とされる、天道、人間道、修羅道、畜生道、餓鬼道、地獄道――これを六道というんですが、六つの道を照らす灯りです。かつては、火力の関係もあって夜に火葬して、朝に骨拾いをしたんですね。だから、葬列は夜に行ったんです。葬列の先頭に立つ人が持ち、暗い夜道を照らした名残なんですね」

「そうなんですか。ぜんぜん知らなかったです」

「じゃあこれは？」

続いて米山さんが、上段の遺影近くにある白いクリスマスツリーのような紙細工について問う。

「わかりません」

「シカバナです」

「はい？」

「四つの、華々しいの華に、草花の花と書いて四華花。竹串《たけぐし》に半紙を巻き、横に細かくハサミを入れたものです。お釈迦様が亡くなったとき、沙羅双樹《さらそうじゅ》が悲しみで白くなったという故事からきていて、亡くなった人が涅槃《ねはん》に入ったことを象徴しているんですね。昔はこれを四本、近親者が手に持って、葬列を歩いたんです」

「葬列……」

「祭壇の飾り物は、みんな葬列にルーツがあるんですね。ざっくり言うと、交通事情などで、大正から昭和の初めに葬列が姿を消して、その代わりに行われるようになったのが、今のお葬式の形態なんです。だから、今のお葬式の形態は、長い日本の歴史の中でわずか九十年そこそこ。祭壇は葬列の省略形であり、形を変えたものなんです。近頃は、生花祭壇が流行していますが、そういった祭壇の成り立ちを知って葬儀に携わるのと、知らないで表面をなぞって携わるのとでは、なにがしかの違いが出てきます」

「習うより慣れろ」だけでなく、理論が要る。先の質問への説得力のある答えだった。

石川さんは、さらにもう一つ、とても重要なことを教えてくれた。

「このごろのお葬式は遺影が中心になっていますが、祭壇のご本尊は掛け軸です」

教室の祭壇を改めてまじまじと見ると、このときは遺影の上に「南無釈迦牟尼佛《なむしゃかむにぶつ》」と書いた掛け軸がかかっていた。「お釈迦様に帰依《きえ》します」を意味する曹洞宗《そうとうしゅう》の本尊だそうだ。

「お葬式は亡くなった方に参列者がお別れをする場と思われがちですが、亡くなった方を仏様の世界、つまりご本尊の世界にお送りするよう祈るのが仏教式のお葬式の本来の意味です」

お葬式の主役は僧侶だ。僧侶と遺族間を橋渡しすると共に遺族に寄り添うのが葬儀業者の仕事なので、知識も実技も必要なのだという。

そのため、二〇〇〇年の開校以来、整えられてきたフューネラルディレクターコースのカリキュラムはこうだ。

○専門科目

葬儀概論、受注技法（渉外）、施行技法（司会、室内装飾、受付・遺送）、フューネラルビジネス総論、宗教と葬儀、グリーフサポート、ファイナンシャルプランニング、フラワーデザイン、フューネラルメイク、葬祭科学概論、公衆衛生、微生物学

○一般教養科目

実用マナー、ホスピタリティ実務、ビジネス能力、ビジネス文書、儀礼文化、会計学、パソコン実習、着付け、カラーコーディネーション、基礎英会話、国際社会概論

月曜から金曜まで、朝から夕方まで四限の九十分授業がみっちり詰まっている。葬儀会館で実習も行うのだそうだ。

「本校では、二年生の九月に葬祭ディレクター技能審査2級試験の受験が可能なんです。去年の合格率は九六・三パーセント。私たち現場育ちの者は、個々に自分で勉強してこの資格を取りましたが、学校では全面的に受験をサポートします。2級のライセンスを持って全国の葬儀会社に送り出すのが、フューネラルディレクターコースの〝売り〟です」（米山さん）

この資格の一般的な認知度は高くないと思う。もちろん資格なしでも働けるが、近年、業界で「とっておかないと、肩身が狭い」とささやかれる、厚生労働省認定の「葬祭ディレクター技能審査」による「葬祭ディレクター」資格のことだ（もっとも、私が取材したベテラン葬儀業者には「何を今さら。自分には経験も実力もあるから、受ける必要はない」と言った人もいたが）。

試験内容は、宗教儀礼、民法、社会的環境、行政手続き、公衆衛生、遺族心理などについての筆記試験と、幕張り装飾、接遇、司会の実務。一九九六年に第一回試験が行われて以来、二〇一三年現在で1級・2級合計二万五千五百三人の有資格者がいる。

この学校の学生は、「2級」の受験条件「実務経験二年以上」を免除されるそうだ。

二〇〇八年にヒットし、アカデミー賞外国語映画賞を受賞した映画『おくりびと』で認知度が上がった葬儀業界だが、不透明だの阿漕《あこぎ》だのという話題にこと欠かないのは、承知のとおりだ。二〇一〇年に出版された『葬式は、要らない』（島田裕巳著、幻冬舎新書）が大ベストセラーになったことも記憶に新しい。簡素なお葬式や、葬儀を行わない「直葬《ちょくそう》」が増えている一方で、死生観や「終活」について語られることも増えている。宗教意識が薄れてきた中で、葬儀は故人のためのものか、遺された者のために行うものか、といった議論もよく耳にする。

そんな中の資格試験であり、この学校なのである。

あの空襲の日に

この学校はどのようにしてできたのか。その件は理事長に直接聞くようにと言われ、竹内惠司理事長（七七）に会った。

「私自身の体験が元にあるんです。（数え）十歳のときに母を亡くしたんですが、訳あって母の死をずっと納得できなかったこと。長じて、兄が亡くなったとき、良い見送りができたこと。それともう一つ、一九八九年にアメリカとカナダの葬儀事情を視察したこと。この三つの体験から、なんとしても日本に葬儀の学校をつくりたかったんですね……」

名刺の肩書きに、株式会社サン・ライフ代表取締役会長とある。サン・ライフは、先にも触れた冠婚葬祭業のほか、ホテルや老人ホーム、保育園なども手がけるジャスダック上場企業である。さらに、この学校及び情報と福祉の専門学校を別法人で持つ。企業人の一代記を聞きたいわけではないが、一朝一夕に学校ができたわけではないと察せられる。

「話せば長いんですが、お時間よろしいですか」なんて、上場企業のトップから尋ねられたのは初めてである。眼鏡の向こうに優しい目を覗《のぞ》かせる、恰幅《かっぷく》のいい温厚な紳士という印象だ。

「私は世田谷・奥沢の生まれですが、戦時中、すぐ上の兄、姉と一緒に前橋の母の実家に疎開していました。終戦前の八月五日、前橋大空襲で家が全焼し、命からがら防空壕《ごう》から逃げ出して助かったんですが、結核を患《わずら》っていた母が亡くなったんです」

そんな話から始まった。

東京日日新聞（現毎日新聞）記者だった父は、陸軍嘱託の司政官としてシンガポールに赴任中だった。焼け野原に放り出された竹内さんは、「何かを食べ、水を飲み、体を置く場所を見つけるだけが、目先の最大の目標」だった幾日かを経て、同級生や先生の家を転々と泊まり歩いた末、すぐ上の兄と共に赤城山麓《あかぎさんろく》の遠縁の家に預けられた。母の死亡を知らされたのは敗戦の翌々日だった。

空襲の日、母は前橋の病院に入院中だった。火の手が迫り担架でかつぎ出されたが、逃げ場を失い、川に入るしかなかった。夏でも冷たかった川の水に浸かったことが致命傷になった。その夜から急速に衰弱し、死に至ったのだ。そんな悲惨な事情を子どもに話すのを躊躇《ちゅうちょ》した伯父と伯母は、ただ「お母さんは亡くなった」と伝えるに留めた。

「空襲で大勢の人が亡くなっているので、当時お葬式なんてできなかった。だから、私は『亡くなった母』を見ていないんですね。一か月ほど過ぎてから、お寺に預けてあった骨壺《こつつぼ》を見せられ、祖母に『これがお母さんの骨だよ』と言われましたが、まったく実感がなく、にわかに信じられない。というか、信じたくない。嘘《うそ》だ、今も母さんは生きているんじゃないか、どこかにいるんじゃないかと、あとあとずっと思い続けるんです。この世で、母親の死に実感が持てないということくらい不幸なことはないと思います」

遠く岡山県の親戚《しんせき》の家にも預けられた。父がようやく復員し、一年後に前橋に戻ったものの、公職追放となる。寺に間借りしたり、学校から五キロも離れた市営住宅に仮住まいしたり、食べるにも事欠く困窮生活が続いた。

「寂しさと生活の苦しさから心の中は複雑で、母さんは本当に死んだんだろうかと懐疑心は続きました。母さんさえいてくれたらこんな苦しい暮らしにならなかったのにと、母を恨み続けもしました。母の眠る墓があるお寺の前を通るときも素通りし、決して立ち寄らなかったほどです。

いや、恨んではいけないとやっと気づいたのが、一九六六年、二十三回忌のとき。母の臨終に立ち会った叔母（母の妹）から、意識がなくなりかけてからもうわ言のように『恵司を頼むよ、敏郎（兄）を頼むよ』と言い続けて死んでいったとも、棺も間に合わず叔母と祖母が遺体をリヤカーで何時間もかかって火葬場へ運んだとも聞き、母のほうが何百倍も辛かったんだと思いを馳《は》せ、巨大な岩で頭を砕かれたようなショックを受けた。

母さん、長い間恨んだりしてごめんね、とやっと思いました。お葬式ができず、遺体も見られなかったために、長い間、母の死を受容できないでいた……」

じつに二十年余りも、母親の死をひきずっていたというのだ。二十三回忌のとき、竹内さんは三十歳。すでに葬儀業だった――というライフストーリーはこうだ。

夜間高校から、「食いっぱぐれのない資格職に」と、群馬県立診療エックス線技師養成所（現群馬県立県民健康科学大学）に進み、国家試験に合格してレントゲン技師になる。群馬大学医学部附属病院に勤務するも、平塚に越したのは、一九五九年、同病院の教授に、平塚の小さな病院からの技師の求人を「義理があるので、面接に行くだけ行ってほしい。断ってくれて一向に構わないから」と頼まれたのが発端だという。

面接中に救急患者が運び込まれ、急遽《きゅうきょ》「ちょっと力を貸してくれ」となった。必死で手伝ったその夜、「あなたが鮮明な写真を撮ってくれたので助かったよ。明日からでも来てくれないか」と畳みかけられ、断り切れなくなったため、それまで縁も所縁《ゆかり》もなかった平塚に、その後、根を下ろすことになったのだ。その病院では「医師と同額」の高給が保証され、泊まり込みで忙しく働いたという。

四年後、交通事故で運び込まれた患者にえらく気に入られた。「娘と結婚して、うちの仕事を手伝ってくれないか」と請《こ》われ、悩んだ末に竹内家の養子となり、平塚市内の小さな仏壇屋と葬儀屋を継ぐことになった。

「『お大事に』から『御愁傷様』へ、でした（笑）。レントゲン技師の学校時代に人体解剖もしていますし、仕事柄病院で瀕死《ひんし》の人にも、亡くなる人にもいやというほど携わってきていたので、ご遺体に嫌悪感《けんおかん》はなく、慣れていました。でも、業界の予備知識などまったくないまま飛び込んだわけです。交通事故で不自由な体になっていた義父は『あなたの思い通りに好きにやって』と口をはさまない。同業他社やお寺さん、地域の長老らに頭を下げてアドバイスをもらいに行きました」

地域の世話役と喪主と寺の力関係、飾り付け、焼香順、お布施の習慣……。葬儀の現状をなるほどと思う一方で、習慣からくる形式より、喪主を必ずしも長男に限らず故人に近しい人がやればいい、地域の顔役とのすりあわせなどを世話役ではなく葬儀社が行えばいいなど、柔軟に「ご遺族の気持ちに沿う」やり方がいいと思うようになった。実践できたのは、「素人《しろうと》目線だったから」と振り返る。

「ご家族も世話役もお坊さんも、それぞれ立場は違うが、亡くなった人を尊重する気持ちに変わりはないと気づいたんです。ものを言わなくなった故人が何を望んでいるか、言葉を聞き取らなきゃならない。この人、喋ってくれたらいいのになあと思いましたよ」

前後して、戦中戦後の辛酸を共に舐《な》めた兄が、今でいうシックハウス症候群で急逝《きゅうせい》し、「遺族」を身を以《もっ》て体験したのだそうだ。

「兄は群馬県庁に勤めて職場結婚をし、新居を建てたばかりのときでした。急を聞いて駆けつけ、一晩中兄に寄り添いました。兄の体がだんだん冷たくなっていく。ああ、もう喋れないんだと実感した。母が亡くなったときと大違いで、死の現実に直面できたんです。お腹《なか》に赤ちゃんがいた義姉に代わって、私が施主になってお葬式をしました。そのお葬式で思ったんです。人は死ぬと肉体がなくなる。しかし、遺族の心に、亡くなった人は生き続け、『強く生きてくれ』とエネルギーを発する。遺族はそのエネルギーに守られて生きていくんだ、と」

その思いの延長線上に、先述した母の死の受容があったという。自分は不幸にも母の死に立ち会えなかった。しかし、姿が見えなくとも、母がその後、自分に付き添ってくれていた。母がそばにいてエネルギーをくれていたと思えるようになった──。

二十年かかって自ら筆を執り自費出版したという本『母からの贈り物』を見せられた。母方の親戚にくまなく聞き取りし、在りし日の写真をはじめ、通った幼稚園や小学校、高等女学校の写真までも収め、母の三十三年間の人生を追った二百六十四ページもの大作だった。いかんせん、上手とは言い難い文章だが、だからこそよけいに、竹内さんの「これを書かずには、母が浮かばれない」「母は亡くなって、自分を生かしてくれた」との積年の思いが詰まっていると感じた。

その本をめくっていた私に、竹内さんが藪《やぶ》から棒に、

「ところで井上さん、村八分って言葉を知っていますか」

と聞いてよこした。

「昔、ご近所の人を仲間はずれにしたことですね？」

「ええ、まあそうですね。出産とか成人式とか病気の世話とか地域社会で助け合う十項目が決められていた中で、何らかの掟《おきて》破りをした家は、つきあいが絶たれる制裁の取り決めがあったわけです。ところが、十項目のうち二項目――二分だけは許した。その二分、何だと思います？」

十分に対しての八分だったと、じつは初めて知った私も、さすがにピンときた。

「お葬式ですか」

竹内さんの顔が緩んだ。

「そう。葬儀と火事なんですよ。死人が出たときと火事だけは、村八分にしている家でも力を貸そうと約束されていた。火事は類焼したら大変だから。死人は放置されたら公衆衛生の面で問題が生じるからでもあったでしょうが、あの世に行く人はもう除《の》け者ではない、みんなでお手伝いして送り出してあげようと、日本社会の根底に温かさがあったんですね。それは遺《のこ》された者のためでもあった」

私は、竹内さんが、身近な人の死の受容は、遺された人の生の肯定だと言わんとしていると思った。性急に要約すれば、「死に目に会い、最期《さいご》の別れをすることが何より重要」、そして「お葬式は大切である」との思いだろうか。

座ってお別れ

竹内さんが義父から継いだ仏壇販売と葬儀の会社は、一九六五年に個人経営から資本金百万円の株式組織に改組した。竹内さんが葬儀は意義深く良い仕事だと思っても、人手が集まらなかったことが、葬儀業の当時の社会的位置づけを物語る。

「あまりに人が集まらないから、一時期は、少年院を仮退院した少年の保護観察を引き受け、人手にしていました。でも、彼らは三、四か月でいなくなるばかりか、元からの従業員も連れて出て行く。悩みどころでした」

しかし、地元の私大の運動部監督からアルバイト学生を提供してもらって乗り切り、「お客さんから、故人の生前の部屋を改築したいと相談を受ければ、建築の専門家を紹介するとか、法事をすると聞けば会食の店を紹介するとか、『何事も断らない』に徹した」ことが功を奏して葬儀業は軌道に乗り、その伸展で、いわば「人生の節目産業」に広く乗り出す。一九七三年に結婚式場、八〇年に結婚式場併設のホテルを建設……。「世の中から必要とされることを事業の柱に据えていったんです」とのことだが、そのあたりのサクセスストーリーはここでは割愛。葬儀の学校をつくる動機となった、三つ目の体験はこうだ。

「一九八九年にアメリカへ視察に行き、目から鱗《うろこ》が落ちました。日本では先祖を大切にするとか言われますが、冗談言っちゃいけない。アメリカのお葬式のほうが、故人の意向に沿ってやっていると思ったんですね。フューネラルホーム（葬儀場）で、葬儀社の人が『ご遺体を安置する部屋に掛ける絵は、どんなものをお好みですか』『どの絵柄の食器を、故人様は喜ばれるでしょう？』とご遺族に尋ねていました。ホスピタリティが一律じゃないんですね。宗教が違うからと片づけることじゃなく、亡くなった方に対する社会の姿勢だと思いました。

聞けば、アメリカの葬儀社の人たちは、専門の教育を受けて、州単位、国単位の『フューネラルディレクター』ライセンスを持っていると言うではありませんか。葬儀を学ぶ四年制の大学まであり、このライセンスを持った人は医者や弁護士と同等の社会的地位らしいと知ったんです。うちの社員から『こんな仕事をしていると言えないから、子どものＰＴＡに行けない』と聞いてショックを受けていた矢先で、このギャップはなんだと思った。葬儀業界への偏見をなくすには、そしてスタッフが誇りを持って働くには、アメリカのようなライセンス制度が不可欠だと思いました」

時を同じくして「何らかの資格を」という動きがあった業界団体と手を組んで厚生省（当時）に働きかけたが、「末期でも生きているうちは所轄《しょかつ》だが、亡くなった人の扱いは管轄外」と、にべもなかった。それなら、葬儀会場での「幕張り」等の実技を試験に加え、労働省（同）認定の「技能審査制度」にと発案した。「技能審査」は、鎌倉彫技能師（実施者＝神奈川県）、管理印刷営業士（同＝全日本印刷工業組合連合会）、コンクリート等切断穿孔《せんこう》技士（同＝ダイヤモンド工事業協同組合）等の技能が認定されているものだ。

このように、国にかけあう長い道のりを経て、九六年に労働省認定の「葬祭ディレクター」資格制度が誕生し、二〇〇〇年に学校を開校した。開校して四期、五期頃までは、本人が入学を希望しても親の反対で断念する者があとを絶たなかったが、今ではそういうケースがすっかり減ったという。

「もう一つ、アメリカ視察で、サムライが蒸気船を見たときのようにびっくりしたのが、エンバーミングのご遺体でした。見学したお葬式の会場に、亡くなった人が背もたれのある椅子《いす》に堂々と、背広を着て眼鏡をかけて、まるで生きているかのように座っていたんです。そして、訪れた人たちが次々と亡くなった人と握手をして『ありがとうございました』『ゆっくりお休みください』とお別れの言葉をかけている光景を目の当たりにしたんですね。故人もご遺族もなんて幸せなんだろうと、胸が熱くなりました」

えっ？　エンバーミングの遺体って、そんなことまでできるのですか？　と驚いた私に、「できます。技術はあります。誰か有名人が『座ってお別れ』をやってくれれば普及すると思うのですが、まだそこまでいっていないんです」と、竹内さんは歯がゆそうな表情をした。

しかし、「そこまではいっていなくとも、エンバーミングされた寝姿の遺体まではいっている」という。日本ヒューマンセレモニー専門学校に国内唯一《ゆいいつ》のエンバーマーコースがあると先に書いたが、フューネラルディレクターコースに次いで二〇〇五年に設置されたこのコースも竹内さんの悲願だったのである。

エンバーミングは、アメリカで南北戦争（一八六一〜六五年）の際、亡くなった兵士の遺体を遺族の元に長距離搬送する必要があったことから広まったそうだ。現在ではアメリカとカナダで七割以上、北欧とイギリスでも六割以上の遺体に施術されていると竹内さんは言う。「死体防腐処置」「遺体衛生保全」と訳される。遺体の一部に小切開を施し、端的に言うと、動脈に衛生保全液を注入し、静脈から血液を排出することにより、遺体の腐敗を遅らせる。さらに、損傷した顔のパーツを元どおりにするなど修復処置をして、生きていたときの姿に極めて近い容貌《ようぼう》に甦《よみがえ》らせる技術のことも指すらしい。

「遺体から漏れる体液などから罹患《りかん》する感染症を予防できる」「遺体が不気味でなくなり、生前の美しい姿でお別れができる」と、私はエンバーミングを行っている別の葬儀社の人からそのメリットを聞き及んでいた。一方で、中小の葬儀社の人たちから「日本では死亡後火葬するまで二日か三日だから特段の必要はない」という意見も耳にしていた。

「二〇〇五年にエンバーミングを開始した弊社では、今ではお客様の半数以上がエンバーミングをされますが、全国ではまだ二パーセント弱。約二万一千体です。五パーセントを超えると一気に認知が進むと考えているんですが」（竹内さん）

エンバーミング費用は、サン・ライフの場合は搬送費を含め十二万円だそうで、想像していたほど高くない。

竹内さんが協力し、一九九四年に医学者、法学者、ジャーナリスト、葬祭業者らによって設立された日本遺体衛生保全協会（ＩＦＳＡ＝二〇〇九年から一般社団法人）の事務局がサン・ライフの中にある。ＩＦＳＡは、エンバーミングの日本における適切な実施と普及を目的とした団体だ（第四章に後述）。学科と実技の試験を実施し、認定エンバーマーが輩出しており、日本ヒューマンセレモニー専門学校エンバーマーコースと直結している。エンバーマーを養成する専門学校があるのはここヒューマンセレモニーが唯一と先に書いたが、その背景にはこうした熱意と経緯があったのである。

竹内さんの肝煎《きもい》りで作られたエンバーマーコースの学生に話を聞いてみた。

「中一の一月に幼なじみを、中二の六月に小学校のときの担任の先生を亡《な》くして、死ってなんだろうと考えるようになったんです。幼なじみは交通事故で亡くなったんですが、体の損傷がひどかったらしく、『お葬式に来ないで』とご家族から言われてショックでした。先生は胃《い》がんで亡くなり、もちろんお葬式に伺ったんですが、棺の中の先生はものすごく痩《や》せて小さくなって髪の毛もなくなっちゃってて、まるで別人のようだったんです。悲しいとかかわいそうとかの感情を通り越して、これは誰のお葬式なんだろうという感じ。死んだら、誰も助けてくれないんだと思いました。その後、図書館の本でエンバーマーという職業を知り、中二の十二月になると決めたんです」

一年生の藤本恭子さん（二二）はこう話す。私大のスポーツ健康政策学部を卒業後、入学した。宮崎の出身。高校生のとき、「この学校に進みたい」と言うと、ガソリンスタンド等経営の父（五七）は「体裁がよくない」と渋ったが、「大学を卒業しても気が変わらなかったら」と歩み寄ってくれたのだという。

「じつは、その幼なじみのお墓参りに、まだタイミングがつかめずに一度も行けてないんです。エンバーマーの資格が取れたタイミングで行こうと思っています」

いわく「大学というカテゴリー」へは、行って良かったと思うが、この学校では授業への熱の入れ方がまったく違うという。「化学とか難しくて、予習と復習をちゃんとやっていますね」

土屋友理奈さん（二四）は、「白衣への憧《あこが》れ」から、小学生のときにすでに医療従事者になろうと思っていた。高校時代、生物とりわけミクロの分野が好きになり、大学は理学部に進み、臨床検査技師になった。病院に二年間勤務した。

「お医者さんは患者さんの体を治す。看護師は心を支える。じゃあ、臨床検査技師は？　と自問しました。もちろん重要な仕事ではあるんですが、患者さんと直に接することがないためか『私は、自分のために仕事をしている』と思えて、何か違うような気がしてきていました。自分のためにはもういい、人のために働きたいと」

私は、えらいなあ、と思わず漏らした。

「そんなとき、医師になった友人が、『医者は患者が生きているうちに救う仕事だけど、亡くなった後の人を救う仕事もあるよ』とエンバーマーという職業を教えてくれたんです。結局、何日かで火葬しちゃうんだから、亡くなった人を元どおりにして、そんなに意味があるの？　と、別の友人は疑問をぶつけてきたんですが、いずれにせよ、私にとってはぜひ誰かにしてあげたい技術だから、まず学びたいと思った。やっていけるかどうかは、学んでからでも遅くないと思います」

寺田啓太さん（二三）は、鹿児島県・種子島《たねがしま》の葬儀社の子息だ。やはり大学卒業後、川崎の葬儀社に一年間勤めた後に入学した。

「はじめのうち、僕はエンバーミングを否定的にとらえていたんです。人の手が加わり過ぎていて、不自然ではないかと考えていたんですね。ところが、勤め先の会社にエンバーミンググルームができ、処置された故人様を見て感動しました。眠っておられるように受け取れて、これならいいお別れができると思ったんです。前後して、旦那《だんな》様が首吊《つ》り自殺されたお客様——六十歳くらいの方でしたが、感情が高ぶってご遺体にキスをされた。エンバーミングされていない故人様に、です。感染症が心配でした。エンバーミングされていたら、なんの心配もないのに……。今後、エンバーミング需要は増えるでしょうに、エンバーマーは少ないと聞き、じゃあ僕がなろうと思ったんです」

三人とも、エンバーマーと葬祭ディレクターの両方の仕事に就きたいと口をそろえた。

フューネラルディレクターコースの学生を「しっかりしている」と思ったが、エンバーマーコースの学生は、その上をいくのではないか。それにしても、若くして身近に死を経験したことが、葬儀業界への動機付けになっている人がなんと多いことか。

エンバーマーコースの授業は、一年生の半年が葬祭学（フューネラルディレクターコースと同様の葬儀概論、宗教と葬儀、グリーフサポートなど）及び遺体衛生保全（医師らによる公衆衛生、脈管解剖学、病理学など）の座学で、以後、サン・ライフをはじめ提携エンバーミング施設で実習を積む。そして、卒業前に、「IFSA認定スーパーバイザー」であるエンバーマーを審査員にした、実技を含むIFSAの資格認定試験を受ける。

かすかな微笑《ほほえ》み

では、エンバーミングの実際はどんな具合なのだろう。

卒業後、サン・ライフのエンバーミング事業部に勤めるエンバーマーの稲部雅宏さん（三三）に、「まず、全身を洗浄し、表面より消毒したあと、シャンプーし、髭《ひげ》や産毛《うぶげ》を剃《そ》り、顔を整えます。次いで十五種類ほどの衛生保全薬液から、三、四種類をその人の体の状態や皮膚の色に合わせて調合します。鎖骨のすぐ下をメスで小切開し、そこから管で動脈に調合液を注入していきます。その圧力で静脈から血液が押し出されるんですね……」と説明してもらったが、今ひとつピンとこない。

「魔法ではないのでオールマイティではありませんが、衛生保全薬液が毛細血管から全身へ回ります。皮下まで浸透し、施術後、見違えるようにきれいになります」と聞いても、その「きれい」が想像できない。

そんなふうに言うと、IFSA事務局長の加藤裕二さん（四六）は、「大丈夫なほうですか？」と私に尋ねた。遺体を見ても気分が悪くならないか、という意味だ。

「もちろんです」

すると、遺族の承諾をとり、教材にしているという「ビフォー・アフター」の顔写真を見せてくれた。

「うつ伏せで亡くなり、かなり時間が経《た》ってから発見された」という、うっ血が激しく、顔全体が紫色と化した男性が、血色よくツヤツヤした肌に変わっている。

口がだらりと開き、舌が出ていた青白い女性が、しっかり口を閉じて、健康そうな肌になり、かすかな微笑みすら浮かべている。

「飛び降り自殺し、顔から着地した」という男性は、解剖後の雑な縫合により頭部に凹凸感があり、痛々しかったが、「特殊なワックスを使って修復した」とのことで、凹凸がまったく消えていた。

いずれも「ビフォー」を想像できないほど、「アフター」が激変している。なるほどではある。だが、リアルな感触は写真からは伝わってこない。「エンバーミングした遺体を見せてほしい」という私の要望は、「プライバシーの問題」とのことで、受け入れられなかった。

ところが、三週間後にその機会がやってきた。フューネラルディレクターコースの卒業生でサン・ライフ社員の門松美緒子さん（四二）の仕事に、遺族の了解を得て同行できることとなり、その日に扱うのがエンバーミングされた遺体だったのだ。

門松さんは、なぜこの仕事に？　学校に？　と、まずぶしつけに水を向けた私に、「七年前、主人が突然死しました。朝起きる前に、突然意識がなくなって……。検死になり、監察病院に送られ、うちに戻ってきたときはもう白い死装束で、棺の中でした。あり得ない、と思いました。小学三年と一年だった子どもたちをケアしなければと考えながらお葬式をしましたが、そのときの葬儀社さんが、一睡もできない私に付き添って、何かと親身になってくださったのがありがたくて。自分もそういう仕事につこうと思うようになったんです。でも、しばらくはとても仕事ができる精神状態じゃなく、ネットで葬儀とか勉強とかのキーワードで検索していて、学校を見つけたんです」

と話してくれた。

「学校で、素晴らしい先生に教わりました。昭和天皇が崩御されたとき、テレビのアナウンサーが『遺体が搬送されます』という言葉遣いをしたのを聞き、『モノじゃないだろ』とすぐに抗議したという先生。納棺の授業のときに『数多くやりたい』と言ったら、『家族にとっては一回きりの儀式なんだぞ。数と言うな』と怒られました。じつはその先生、当時すでにご病気で、私たちが二年生になる春にお亡くなりになったんですが、教えられたこと一つひとつが、今すごく役立ってるんです」

門松さんの運転する軽バンに同乗し、平塚市内の喪家《そうけ》に向かう。途中、会社から事務連絡の電話がたびたび入り、きびきびとやりとりする様子からは、七年前まで専業主婦だったなんて信じられない。

喪家に着くと、門松さんは「御愁傷様でございます」と深々と頭を下げ、故人が布《ふ》団《とん》に横たわる部屋に入ると、再び故人に長い合掌をする。

故人は、九十二歳の男性だった。前日にエンバーミングされ、帰宅している。サン・ライフは分業方式を取り入れているので、門松さんはこの日の午後、「湯灌《ゆかん》」と「納棺」を担《にな》う。そして、同僚の男性が寝台車で斎場に運ぶ。その後、夕方六時に始まる「通夜《つや》式」から翌日の告別式を担当するというスケジュールだった。

エンバーミングされた故人は、喪家の一階和室に敷かれた布団に、淡いグリーンのシャツと、濃いグレーのズボン姿で横たわっていた。一目見て、生きている人に等しいと思った。まるで風呂《ふろ》上がりのように肌の血色がいい。寝息が聞こえてきそうだ。

「では、皆様、こちらにお集まりいただけますか」

奥さん、息子さんをはじめ九人の親族に、門松さんが声をかける。

「ただ今から、故○○様の湯灌の儀を執り行います。皆様、ちょっと時間がかかるので、足を崩してくださいね。湯灌は、現世のお疲れを癒《いや》すためのお風呂とも、来世に向けての産湯とも言われています。本来ですと本当のお風呂のようにすべきところですが、お気持ちを込めてタオルで拭《ぬぐ》っていただきます……」

流暢《りゅうちょう》である。私は「湯灌の儀」って大層すぎやしないかと思っていた。しかし、洗面器に、「水を先に入れ、お湯を足す」という普段と逆の手順で温度を整える「逆さ水」を用意し、家族や親族が順に「お疲れさまでした」「ありがとうね」と故人に声をかけながら、タオルでその手を拭《ふ》くというセレモニーはなかなかいいものだなあと思った。

後で聞くと、会社で決まっているのは基本的な所作だけだと門松さんは言う。故人の様子や家族の雰囲気を即座に判断し、説明も言葉遣いも臨機応変だそうだ。ひととおり終わり、納棺となった。車から棺を運ぶとき、門松さんは庭の芝生を踏まぬよう、家の中では畳の縁を踏まぬよう、気遣っているのがわかる。

映画『おくりびと』のような〝美しさ〟とは違った。「皆さん、少しお手伝いいただけますか」ともちかけ、家族にシーツの四隅を持つのを手伝ってもらう。「頭のほう、重いな」などと息子さんが言い、なごやかな納棺となる。

ついさきほど、〝仲間入り〟したばかりなのに、私には門松さんがこの家族の一員のように見えた。

「お似合いのお洋服姿でいらっしゃいますので、『旅支度』をお棺に入れさせていただきますね」

経帷子《きょうかたびら》、帯、脚絆《きゃはん》などを門松さんが故人の横に置き、「三途《さんず》の川の渡し賃とも、六地蔵へのお賽銭《さいせん》ともいわれています」と説明し、紙の六文銭を頭陀袋《ずだぶくろ》の中に収めて、棺に入れる。

「おうちでのお別れはこれが最後になります。どうぞ皆さん、心ゆくまでご挨拶《あいさつ》くださいね」

家族が故人に近づき、頬や額に触りながら「ほんとに眠っているようだ」「きれいなお顔」「おじいちゃん、いい夢見てるんじゃない」などと口々に言い、あんなことあったね、こんなこともあったねと思い出を語りかける……。

私が初めて目にしたエンバーミングされた遺体は、聞きしに勝る「平穏なお顔」だった。目も口も閉じているが、微笑んでいるとさえ思えた。姿態がのびのびとしているように感じたのも、勝手な思い込みではないかもしれない。

後に、エンバーミングされた別の遺体に、私自身が手で触れる機会があった。やはり年配の男性の遺体だった。

私の体温より低いが、ちっとも冷たくない。腕など、生きている元気な人の腕をつかんだ感触と何ら変わらない弾力があった。とりわけ顔の血色が良いと感じた。「人形のよう」ではまったくなく、「生きて呼吸している人」そのもの。「○○さん」と声をかけると、目を開けて返事されるのではないかと思ったほどだ。

竹内さんが、日本ヒューマンセレモニー専門学校をステップに目指したのは、この状況だったのか。私は掛け値なしに納得せざるをえなかった。

第二章　それぞれの「葬儀屋稼業《かぎょう》」

二〇一三年六月十八日、横浜みなとみらいの「パシフィコ横浜」で開かれた「フューネラルビジネスフェア２０１３」に行った。すでに述べたが、「フューネラル」とは英語で葬式、葬儀、告別式を意味する。つまり葬儀業界の見本市だ。

家族葬など費用をかけない葬儀が増えているものの、返礼品や運送、飲食の費用を含む葬儀業界の市場規模は一兆六千億円といわれる。日本最大、二万平方メートルの見本市会場は、全国から「新機軸のヒント」を求めにきた葬儀社の人たちで埋まっていた。ざっと男性六割、女性四割といったところだろうか。二十代からおそらく七十代まで、年齢幅も広い。

百四十八企業が出展していた。目に入ったものを列挙すると、遺影の額縁とＬＥＤパネル、斎場予約システム、看板や名札の作成ソフト、喪服レンタル、斎場スタッフユニフォーム、返礼品のお茶、祭壇用の生花のデザイン、斎場用の家具、蠟燭《ろうそく》・線香……。お葬式の規模の大小に拘《かかわ》らず必要なアイテムはあるから、それらが進歩を遂げてきているのだと素人目《しろうとめ》にも納得する業種の出展が多かった。会場を歩くうちに、妙にさすがと思えるブースにも行き当たった。遺族の普遍の「心」への、今日的アプローチのような展示だ。

「日本人なら最期《さいご》を迎えるときは畳の上で」のキャッチコピーで、棺に横たわる遺体の下に敷く「おくりたたみ」。生きている私たちには、板の上より畳の上のほうが、当然寝心地がいい。死んでしまったら、寝心地がいいも悪いもないだろうが、そうは思わない遺族の心情を突いている。天然い草など自然素材を多用し、火葬炉で燃え残りがないという。

「若い世代の市場拡大」との宣伝コピーで「遺骨ペンダント」も並んでいた。特殊樹脂で遺骨をペンダントに組み入れるもので、見た目はしゃれたペンダントと何ら変わらない。遺骨を肌身離さず身につける「新しい祈りの形」という「手元供養《くよう》」の一つだそうだ。

「故人の人生に見合った棺のご提案を」と、楢《なら》や樫《かし》、チークなど高級木材を継ぎ合わせた、ストライプ模様が美しい豪華な棺も目をひいた。一隅では音楽がかかり、カラフルな「仏衣」こと死装束を着た男女のモデルによるファッションショーも開かれていた。

　そんな中で、不謹慎かもしれないが、私が最も「面白い」と思ったのは、霊柩車《れいきゅうしゃ》の展示と湯灌《ゆかん》の実演だった。

　霊柩車は、美しい形をしたシルバーメタリックの高級車が会場に展示され、人だかりができていた。もちろん外車だ。外観はちっとも霊柩車っぽくなく、側面のウインドー枠が流線型にデザインされている。出展会社名は、株式会社セキュリコ（東京都港区）とある。「展示会出展記念特別価格　メーカー小売価格22800000円↓19800000円　先着3台とさせていただきます」と貼《は》り紙。思わず「0」の数を数え、つまり一千九百八十万円だとようやくわかった。「ユーロエレガンスデュオ」という名の新型メルセデスベンツ霊柩車だそうだ。係員に、

「乗り心地、違いますか？」と聞くと、

「安定感がぜんぜん違います」

　背面ドアを開けて内部を見せてくれた。真ん中にストレッチャーの台があり、囲む左右の側面と天井はレザー張りだ。「棺を置く下の部分は強化ガラスなんですね。万が一（体液等が）こぼれても、さっと一拭《ふ》きで完全に取れます。臭《にお》いも全く籠《こも》りません。そのあたりも違うんです。照明もLEDです」と説明を受ける。

「イタリアの新進気鋭のデザイナーによる設計で、ドイツ・メルセデス認証工場で製作しています。高級車に乗り慣れた方のお見送りはやはり高級車で。そういう時代がやってきています……」

隣の女性が、ストレッチャーの出し入れは従来の霊柩車と違うのかと聞く。

「ボタンひとつでレールがせり上がり、滑らせて送り出す形です。女性でも軽々と作業できます。従来の『洋型』と一線を画して、『第三世代』と呼んでいます」

車に神社を載せたような装飾が施された、ひと昔前の霊柩車が「宮型」、現在主流の黒塗りのリムジン型の霊柩車が「洋型」と呼ばれる。宮型が第一世代、洋型が第二世代なら、確かにこれは第三世代だ。しかしこれほど高価なものが売れるんだろうかと、私は疑問に思った（フェア終了後に問い合わせたところ、複数の葬儀社と外車販売ディーラーから引き合いがあり、商談が進んでいるとのことだった）。

一方、湯灌の実演は会場の中ほどで行われていた。株式会社ケアサービス（東京都大田区）によるもので、故人役の若い男性が白のバスタオルをかけて浴槽に横たわっている。その横で進行役の男性がにこにこしながらマイクを持つ。

「我が国にはお亡《な》くなりになった方を洗い清める伝統的な儀式がございます。ただ単に洗い清めるということではなく、亡くなった方のこの世に残す悩みや苦しみ、現世の煩悩《ぼんのう》を洗い清めるといわれています。精神性の高いしきたりでございます。この湯灌の儀式を通して、死の重みと生命の大切さをかみしめ、故人様とのお別れがよりいっそう思い出深い儀式となるよう、私共では誠心誠意お手伝いさせていただいていります」

お湯は車載のボイラーで沸かし、夏場は三十八度、冬場は四十二度に設定する。葬儀に関する物事を通常の逆に行う「逆さごと」の習慣に則《のっと》り、「おみ足」から肩へと清めていくと説明がある。三十人強の〝観客〟が集まっていた。

湯灌のデモンストレーションが開始された。右手にタオル、左手にシャワーを持った女性スタッフが中腰になり、故人役男性の左足を、次いで右足を洗い、お湯を流す。その後、故人役にかけた白バスタオルの中に手を入れ、下半身から上半身へと洗っていく。もう一人、男性スタッフが故人役の頭の側にいて、頭髪のシャンプーに専心する。シャンプーが終わると、顔にシェービングクリームをつけ、髭《ひげ》を剃《そ》る。そして洗顔もした。故人役はじっと目をつむっている。「お顔を拭くのを、ご家族の代わりに、どなたかお手伝いいただけますか」という流れとなり、前方で食い入るように見ていた若い女性が挙手し、協力した。

「亡くなられた方にお湯をあてて大丈夫なの？　と思う方もいらっしゃるかと思いま

すが、私共ではこういった湯灌に入る前に二、三十分のお時間をいただき、故人様の体のお手当をさせていただきます。お口元を閉じたり、注射針やカテーテルの跡からの止血。温めますと出血しやすくなりますので、止血をさせていただいて、入院生活でできてしまわれました床ずれの跡もお手当させていただきます。こういったお手当をすることにより、湯灌を行うことが可能になります……」

進行役の言葉は、丁寧すぎるほど丁寧だ。

「シャンプーの後は、タオルドライをさせていただいた後、ドライヤーで乾かします。故人様、さっぱりした印象になりますね。ご家族様、たいへん喜ばれます」

十分少々で終了した。あまりにスムーズだったからか、じつはさほどの「技術」でないようにも思えたのだが、いや、このデモンストレーションのモデルは生きた人だからだろう。硬直した死体に向き合い、こんなふうに洗うのは、精神的にも重そうだと思い直す。背後で見ていた葬儀社員らしき男性二人が、「ビジュアル（視覚的に）いけるね」「ここまでできたら、（料金を）取りやすいよね」と話すのが聞こえた。

株式会社ケアサービスのパンフレットをもらう。在宅入浴サービス、高齢者住宅、福祉用具レンタルなど介護事業を展開すると共に、首都圏を中心に二十か所の「エンゼルケア事業所」、つまり湯灌サービスの拠点を持つ会社だった。

「在宅入浴サービスからスタートしました。弊社が湯灌を始めたのは、介護保険制度ができる前の一九九〇年代に病院を回っていた社長が、ご遺体が『臭いものには蓋《ふた》をせよ』のように扱われているのを見てやりきれなかったのが発端です。病院にもよりますが、当時、入院中の入浴は月に二、三回でした。亡くなった後、便も出て衣類も汚れたまま棺に入れて、蓋を閉じていたんですね。（故人が）気の毒すぎる、せめて最期に気持ちよくお風呂に入れてさしあげたいと思ったからです」

パンフレットを配っていた人が、そう教えてくれた。

このフューネラルビジネスフェアは、葬儀業界誌「月刊フューネラルビジネス」を発行する綜合《そうごう》ユニコム株式会社（東京都中央区）の主催である。同誌が創刊された一九九六年に始まり、二〇一三年は十七回目で、出展企業数百四十八は前年より十九社増えた。二日間の来場者数は、前年より微増の一万五百五十七人だったという。この年の特徴を「月刊フューネラルビジネス」編集長の吉岡真一さん（四九）に聞いた。

「以前は会場に白木の祭壇の展示が目立ち、一目でこの業界の見本市だとわかりましたが、年々〝葬儀色〟が減ってきました。今回、一見しただけで葬儀関係だとわかるのは、湯灌、霊柩車、仏衣くらいだったのではないでしょうか。ＩＴ関係でサービスのシステムに踏み込んだ内容のブースが増えましたから」

「IT関係でサービスのシステムに踏み込んだ内容」とは、紙のパンフレット代わりにiPadを、屋内外看板に電子看板を、と提案するブースなどだ。私はあまり興味がなかったので足を止めなかったが、確かに多かった。そういった出展の背景にある近年の葬儀業界の傾向を尋ねると、吉岡さんは「事前相談」の増加を挙げた。

「こんなこともできますよ、という付加価値のあるサービスの提案力が、葬儀社に必要になってきているんですね」

祭壇、棺、死装束、遺影、会葬礼状、返礼品、骨壺《こつつぼ》……。選択肢が多いほど、個々の希望を叶《かな》えやすくなる。遺族には出費を抑えたい一方で、「これだけには」と支払いを惜しまないものもある。さまざまなニーズに応《こた》えるため、サービスの多様化が進んでいるという。

「当初『焼くだけでいい』と言っていた人に本音の希望を聞いていくと、じつは『身近な人とはきちんとお別れをしたい』と思っていることがわかり、家族葬になるケースも多いのです」

余談ですがと、吉岡さんが説明したのは、近頃の「直葬《ちょくそう》（葬儀を行わず火葬のみ）」に関しての問題点だった。病院に家族が不在で、遺体を葬儀社だけが迎えにいくことが増えている。遺族は火葬場で初めて遺体に対面することになるが、渋滞に巻き込まれたりして火葬開始時刻に遅れることがままある。そんなとき、遺族の到着を待たずに葬儀社が遺体の火葬を進めてしまい、クレームに発展するケースが出てきているという。火葬開始時刻の融通は利《き》くはずなのに、効率優先の業者もいる。「葬儀の仕事は、究極のサービス業なのに」と吉岡さんは声を曇らせた。

そして、「職人でもあるのですが」と続けた。九〇年代後半から葬儀会館での葬儀が増加し、重い祭壇を個人宅に運ぶなどの「力仕事」が減ったため、女性従業員が増えた。大卒者も増えた。大規模な会社も、家族経営の事業所もある。仕事が発生したときにのみ人を集め、必要な物品を調達して施行するブローカー的な葬儀社も出てきているが、いずれにしても、短時間で客の意向を聞き取り、摺《す》り合わせ、迅速に準備してお葬式を施行するのは「職人仕事」に値すると指摘するのだった。

「『月刊フューネラルビジネス』創刊当初の九〇年代は、『ビジネス』という言葉に抵抗感を示す葬儀社さんが多かったんです。『私たちはビジネスでやっているんじゃないんだ、〝心〟でやっているんだ』と反発を食らったものです」

はからずもそんな話を聞いて、再確認した。私が知りたいのは、サービス業であり職人仕事であり、そして〝心意気〟なしではできないであろう「死」の周辺の職業人の仕事ぶりと、その思い、人間像である。

きれいな「ご遺体」ばかりではない

数年来、葬儀社で働く人たちを訪ねている。正面きって会社あてに取材を申し込むと、大手以外は概《おおむ》ね断られるから、ここに書くのは、個人の裁量で取材を受けてくれた人たちである。フューネラルビジネスフェアに関心のある層とない層に二分すれば、後者だ。

豊島区目白二丁目。明治通りに面したビルの一階に「お葬式相談」の看板を掲げる「公営社目白店」を飛び込みで訪ねると、週に二日ここに詰めているという齋藤亮夫さん（七三）がいた。仕立てのよさそうなシャツにノーネクタイ。ダークダックスの誰かに似ているダンディな人である。

「町の小さな葬儀屋さんの方に話を聞きたくて」とこちらの意図を告げると、

「この事務所は小さいですが、公営社は新宿区に本社があり、『週刊ダイヤモンド』で都内のナンバー3に選ばれた規模の葬儀社ですよ。『公』がつくのは、戦時企業統合の際の社名の名残です」。戦時企業統合とは、戦時下の国家総動員法に基づいて行われた企業の強制的合併のことだ。葬儀社にも適用されていたのだ。

　齋藤さんは、「頼まれて、二年前から留守番をしているまでなので、私はあなたが取材したいタイプじゃないと思いますが」と言いつつも、「いちおう葬儀屋の息子です」と自己紹介してくれた。家業が「イヤでイヤで」、継がずに定年まで会社勤めをしたのだという。「ただし、私自身、四十余年前に二年間だけ葬儀屋をやっていたことがあります。一口で葬儀屋と言っても今とは隔世の感ですが、当時のことでよかったらお話ししましょう」と取材に応じてくれることになった。

「死を扱う商売だから？　関西のほうじゃ被差別部落の生業とされがちだから？　いくら考えても今もって理由がわからないんですが、葬儀屋の息子であることが、ずっとコンプレックスでした」

　子どもの頃、テストの点がいいと「葬儀屋のくせに」と言われたのが耳にこびりついている。「何々屋のくせに」というのは葬儀屋に限った蔑視《べっし》ではない。しかし、近所の魚屋の女の子が私立の名門女子中学に入り、「うちのお父さんは、『いらっしゃい、いらっしゃい』とお魚をお客さんに売るお仕事よ」と話したと聞き、「僕はうちの家業をとても口にできない。違う、と思った」という。

　高校時代は家に友人をつれてこないようにし、必死で家業を隠した。大学時代は学歴のある女性とは結婚できないと恋愛をセーブした。

「さすがに今は表向きに差別する人はいなくなりましたが、心の中には差別意識が残っていると思います。先日、小学校の同級生のお兄さんと会う機会があって、『事務所にいるから、暇なら遊びにきて』と言うと、『縁起でもない。行かねえよ』と言われましたし……」

齋藤さんの話は、祖父が栃木から上京してきた昭和初期までさかのぼった。祖父が車の運転免許を持ち、円タクの会社を経営していたところ、地元の有力者に請《こ》われて霊柩車の会社の共同経営者となった。そして、父が昭和十年代に葬儀社を興したのだという。一九四〇年生まれの齋藤さんが物心ついたのは戦時中である。東京大空襲で焼け野原になった中、母がリヤカーで葬儀用品一式を客の家に運ぶのを手伝った幼い日の記憶があるそうだ。

父の葬儀社は、齋藤さんが小学生のときに倒産寸前となり、公営社の傘下《さんか》に入った。「花と葬儀」の看板を掲げ、白黒の幕や棺の在庫がある家が「疎《うと》ましかった」。齋藤さんは一流大学を出て一般企業に就職した。四十余年前に「二年間、葬儀屋をやった」への前史である。

父を含む公営社の経営陣に懇願され、公営社に転職して現場の仕事をしたのは一九七〇年。齋藤さんが三十歳のときだ。

「あまりにも辛《つら》い仕事ばかりでした」

具体的に教えてほしいと言うと、齋藤さんは、

「文系の人間は、遺体を一分たりともまともに見ていられなくて当然だったんじゃないでしょうか」

と、抽象的な言葉で返した。そして、

「こんなことを話して、いま現在のことと混同されたら困ります。あくまで四十何年前のことだと思って聞いてくださいよ」

念を押してから、当時の体験を語ってくれた。

「思い出すのは、酔っ払ってお風呂に入ったのか、煮えたぎったお湯で茹《ゆ》でたようになって亡くなった女性ですね。検視のために、浴槽から出さなくちゃいけない……」

肉が溶けたような茶色い油が浮いていて、一瞬、中華スープをとるときと同じだと思った。鼻をつく強烈な臭い。腐った魚の何十倍も臭かった。室外に走り出て、「何度も吐いた」そうだ。刑事が遺体を浴槽から出すために、髪の毛を引っ張ったとたん、ズルッとまるごと抜け落ちた。「見ていられなかった」という。

「もう一例、新宿警察の安置室に迎えに行くと、若い女性が自殺した遺体だったことも忘れられません。北海道から働きに来ていた女性で、ヤクザ者にだまされ、ストリ

ップの踊り子にされちゃったのを苦に首を吊ったと警察から聞きました」

　北海道から「いかにも田舎の人のようなお父さんとお姉さん」が出て来たが、二人にかける言葉に詰まった。検視が行われた後に火葬となり、火葬場にヤクザ者が十人ほどやってきた。

「火葬中に、待合室の前で百円玉をじゃらじゃらと出して賭博《とばく》をするんです。笑い声をあげて。女性もヤクザ者も、何がどうしてこうなっちゃったんだろうと、たまらなかったですね」

　さらに、司法解剖の遺体を見て、「身の毛がよだった」という話もしてくれた。当時、解剖医は遺体の腹を電気ノコギリで開いていたのだという。

「それも、若い女性の遺体の場合はなぜか陰部から電気ノコをかけるんです。先に陰部をまじまじと見て、『これはかなり使い込んでいるな』とほくそ笑んだり、『君も見るか?』と聞いてくる刑事もいました。内臓を取り出すと、新聞紙や汚れた白衣を丸めてお腹に詰め、ざくざくと縫い合わせる……。司法解剖でない解剖の場合は、解剖医が葬儀屋に『ちょっと手伝って』です。私は、遺体を人間だと思うとやってられない。モノだと思おうとしました」

　想像に余りある。私たちがふつうにイメージする通夜《つや》と告別式の施行だけが葬儀社の仕事ではないのだ。

「とても私なんかが続けられる仕事ではなかった」と齋藤さんはしんみりと述懐した。そして、「あくまで四十何年前のことですからね」と再び念を押し、通夜・告別式も担当したが、「喪家の門柱や玄関を見て、この家からはいくらとれるか」と値踏みする不明瞭《ふめいりょう》な料金体系に嫌気がさしたのも、火葬場でお茶汲《く》みをする母親世代の女性に「大学を出てまでする仕事じゃないね」と言われたのも、二年で辞めた理由だったとも言った。

「今、ここにお客さんから連絡があったら、ですか？ 『どこで、どんな形式でお葬式をやりたいですか』と伺い、なるべく安価でできる方法を案内し、営業の人間に引き継ぎます」

もっとも、私は今は専ら気楽な留守番係。一日ここにいても、問い合わせはそう多くないし、訪ねてくる友人も少ない。暇だから本を読んでいます、と齋藤さんは机の引き出しから文庫本を取り出した。

葬儀社の人たちは、今も、凄惨《せいさん》な現場での業務をしているのか。

四十余年前に葬儀の仕事をしていた人に、お風呂で亡くなった人の遺体が壮絶だった、司法解剖が見るに忍びなかったという話を聞き、驚きました――と言うと、高橋

朋弘さん（四二）は、

「そりゃあ、我々が扱うのはきれいなご遺体ばかりではないですからね」

と、おっとりとした口調で返した。文京区にある本郷金子商店株式会社の社員で、葬儀の業界に入って十九年、現場の第一線で働いている人だ。

「警察から連絡がきて、自死されて相当時間が経《た》ったと思える遺体をマンションの部屋へ引き取りに行くこともよくありますが、臭いが半端じゃない。いなり寿司《ずし》が腐ったような、鮒《ふな》寿司のような臭いが、たとえば換気扇の窓がちょっとでも開いていたら三十メートルも手前から漂ってきます」

吐いちゃうほどの臭いですか、と聞く。

「ええ。嘔吐《えず》いて、胃の中が空っぽになるまで戻してしまいます。臭いで目がやられて、泪目《なみだめ》になっちゃうんですよ。映画『おくりびと』の中に、遺体に蛆虫《うじむし》が群がっているシーンがありましたが、あんなもんじゃない。部屋中至るところに蛆虫が折り重なっていて、ザーッザーッとざわめいているんですね。掃除機で蛆虫を吸い取りながら進んで、〝道〟を作らないと遺体までたどりつけません。蛆虫満杯のビジュアルは耐えられますが、何度立ち会っても臭いが耐えられないですね」

にわかに想像しがたい世界だ。

腐乱遺体を警察の安置室に運ぶのは、本来は警察の仕事だが、警察から仕事をまわしてもらうために、葬儀社がサービスするのが業界の常識だという。

放置状態の遺体に蛆虫が湧《わ》くのは早い。季節にもよるが、産卵期間が半日から一日。幼虫期間が約七日、蛹《さなぎ》期間が約四日。産卵から約十二日間で成虫となり、寿命は約一か月。その間に四、五回、一回につき約五十~百五十個を産卵するという。

「こういった場合の死亡推定時刻は、死んだ蛆虫の量を目視して、産卵から羽化まで何回転しているかによって割り出されているんですよ」

聞きながら、蛆虫が満杯の部屋に土足で上がり、勢いよく掃除機をかけて蛆虫を吸い込んでいく人の姿を想像したが、高橋さんのイメージとはどうしても重ならない。目の前の高橋さんは、口調もしぐさも鷹揚《おうよう》で、虫も殺さぬタイプに見えるからだ。丸顔で、少しふくよか。塾の先生のように、優しい言葉遣い。

「この前担当した方に、画家の男性がいたんです。ゴミだめのような部屋で孤独死されていました。頭に少し白髪が混じっていたから、五十代初めの方でしょうか。部屋に描きかけの油絵もあり、亡くなる直前まで絵筆を握っていたんだろうなとか、私はいろんなことを思っちゃうわけです。

勝ち組、負け組という言葉で言うと、その方は負け組なんでしょう。でも、素晴らしい才能があったのに、たまたま運が悪くて、こうなっちゃったんじゃないかと思えたんですね。勝ち組になるには、ずるいことだってするでしょう？　この人はずるいことをせず、ずっと純粋だったに違いないんじゃないかと、私はご遺体を前にそういうことを考えてしまう。だから、私、お金のない人のほうが、むしろ一所懸命にやってあげたいと思っちゃうんですよ」

「イベント業の感覚で」

高橋さんに会ったのは、ネットで見つけた本郷金子商店のホームページに心が揺さぶられたのがきっかけだった。

〈費用の明確さにこだわる葬儀社です〉のキャッチフレーズやセットプランの案内などは、他社と変わらない。一八八八年に初代が「祭具提供業」を始めたのがルーツという会社沿革に心惹《ひ》かれたが、そういった記載もこの会社に限ることではない。しかし、社長以下五人の社員の顔写真が載っているのは珍しい。

料金案内の中に、〈ボランティアで仕事をしているわけではありません。適切な利益のなかで、お客様がどうしたら満足していただけるか？　というものは常に考えています〉という一文が出てきて、「適切な利益」の文言に共感した。しごく当然だ。私は、「感動の」「心をこめて」「格安で」など美辞麗句が満載の葬儀社のホームページに飽き飽きしていた。

〈葬儀の心得〉のところに〈他社の葬儀マナーと違いますよ〉とある。仏教、神道、キリスト教それぞれの歴史の説明のうえ、各宗教の葬儀の作法が端的に示されているほか、無宗教、火葬だけの方法も記されている。かと思うと、〈昔のお通夜〉と〈現在のお通夜〉の違いについて、双方の良い点・悪い点を挙げている。

〈故人の無事を思う気持ちは服装に左右されません。会葬者の服は黒くなくていいのです〉

〈お金を払ってまで、死亡診断書提出の簡単な手続きを葬儀屋にしてもらう必要はありません〉

などと歯に衣《きぬ》着せぬ意見も書かれていて、主張のある葬儀社だと思った。このホームページの制作を担当しているのが高橋さんだった。

「理系で、ホームページ作りが好きだから。ただの平社員です」と軽く語るが、この業界に一家言ある人に違いない。経歴を聞いた。

福島県の出身。日本大学理工学部物理学科を「バブルが弾《はじ》けた後」に卒業した。故郷の高校の教員になりたかったが、門戸は狭かった。教員採用試験の勉強をしながら都内でアルバイトをした。

「情報誌で見つけたアルバイト先が、葬儀の人材派遣会社だったんです。数時間働くだけで、当時、一日一万二千円くらい。月に、少なくて十三万円、多いと四十万円になりました。特殊な仕事だから、給料がよかったんですね」

いわく「特殊な仕事」への抵抗感はなかったのか。

「まったくなかったですね。水が合いました」

と、高橋さんは即答する。

「イベント業の感覚でした。葬儀社に派遣されて、祭壇を運んだり組み立てを手伝ったり、案内をしたり。回を重ねていくと、ご遺族への説明や司会も任されるようになり、葬儀社から指名が入るようになりました。派遣会社の仲間に、役者やミュージシャン、お金が貯《た》まると海外に旅に出る〝ノマド〟のような人もいた。彼らは面白いし、誘われて夜遊びも覚えて、楽しかったんですね。そのうち、教員採用試験のことは忘れちゃったというか（笑）」

もっとも当時の葬儀は白木祭壇が中心だったから、十キロ、二十キロものパーツをいくつも運ばなければならなかった。やがて腰を悪くした。派遣会社の楽しい仲間が

「役者やミュージシャンとして成功しないから、ここにいるのだ」と思えてもくる。「このまま派遣社員を続けると、世間一般の価値観から自分もずれていくな」と感じるようになっていった。そんな折の十年前に、よく指名がかかっていた本郷金子商店からスカウトされ、正社員になったのだという。

「恥ずかしながら言っちゃうと、正社員になるとき、私はプロの葬儀屋になるぞと決意したんですね」

そこまで比較的アップテンポで語ってくれた高橋さんだが、一つひとつの言葉を選ぶようにゆっくりとこう続けた。

「〝怖い〟と思うようになったのはそれからです」

遺体そのものは全然怖くない。だが、遺体を前にしていると、「やがて自分もこうなるのだ。死ななきゃいけないのだ」という思いにからめとられる感覚に陥っていったのだそうだ。自分の死への恐怖。自分が死んだら無になるのか、死後の世界はあるのか。

答えを求めて、『仏教の思想』(角川書店)全十二巻を通読した。そして、宗教の本を片っ端から読みあさった。釈迦《しやか》の教え、仏教伝来の過程、経典の読み方、宗派の違い、寺請《てらうけ》制度……。経典を読むために、梵字《ぼんじ》の判読も独学した。

そこから、見えてきたのは？

「死という根源的な恐怖があるために、宗教があるということ。それに、学問的仏教と葬儀仏教の現場は違うけれど、私はこの業界が好きだということでしょうか。『戒名は必要？』『清め塩って？』『お坊さんをなぜ導師という？』等々、お客さんの質問に私なりの言葉で答えたい。納得のバックボーンを豊かにしたいから、宗教の本は今も読み続けています」

「高橋さんが共感する宗派は？」と尋ねてみた。

「しっくりするのは浄土真宗系。親鸞《しんらん》の、超越した教えですね」

悪人正機説、他力本願、戒名ではなく「法名」をつける。浄土真宗、親鸞と聞いて、私の頭にとっさに浮かんだのは、恥ずかしながらその程度だ。

「法名の冠に『釈』とつけるのは、お釈迦さまの仏弟子になったことを表すからなんです。悪人つまりすべての人たちが、亡くなると直ちに阿弥陀《あみだ》さまの慈悲によって救われる。成仏《じょうぶつ》するという……。つきつめれば、お葬式はやる必要がないということになっちゃうんですが」

「先ほど『学問的仏教と葬式仏教の現場は違う』とおっしゃってましたが」

「そう。そういう根本の考え方も、お葬式で詠《よ》む『正信偈《しょうしんげ》』がお経じゃないということも、その意味も、お坊さんはお葬式ですら言わないでしょ」

お経とは、釈迦が語った教えを弟子が記したもののことで、「正信偈」はそうでない。親鸞自身が真宗の歴史や阿弥陀仏への賞賛を七言六十行百二十句の漢詩に書いたものだと教えてくれた。

「浄土真宗系のお坊さんは、そういう伝えるべきことを普段から伝えずに、お葬式で『清め塩は必要ない』と枝葉《えだは》の主張でしょ。清め塩は、江戸っ子にすでに定着しているから、必要ないというのは受け入れにくいと思うんですね」

さらに、「好きなのは曹洞宗《そうとうしゅう》です」とも言った。道元が「悟るためとか落ち着くためとかの目的をもたずに、ただ座る（坐禅《ざぜん》する）姿が尊い」と説いているからだという。しかし、そういった教えが「今のお葬式には、まったく反映されていないんですね」と口惜《くや》しそうだ。

「『うち、何宗だっけ？』な人が増えている中、葬式仏教は葬式仏教と開き直って、お葬式の場で行うことをお坊さんがわかりやすく伝えたらいいと、個人的には思います」

高橋さんは、担当する故人に手を合わせるとき、「あなたの最後の儀式が、私なんかでごめんなさい」という気持ちになる。その一方で、「大船に乗ったつもりで、私にお任せくださいね」とも思うのだと、訥々《とつとつ》と口にした。不躾《ぶしつけ》ながら給料を聞く。

「手取り三十八万円」

本郷は小ぶりな住宅や商店が多い下町的なエリアだ。パック料金六十三万円の三十人規模の家族葬が大半だという。「お布施《ふせ》はいくら包めばいいか」と尋ねられると、寺に額を聞いて伝える。寺の回答が「お志」の場合は、東京での相場は戒名代を含めて六、七十万円と知らせるそうだ。

「地方だと二、三十万円なのに東京は高すぎる、と個人的には思います」

高橋さんは、特に高価な花も棺も骨壺も、湯灌もエンバーミングも遺族に勧めることはない。

とっさに浮かんだ詩

ところ変わって、大阪。担当した中で、忘れられないお葬式の例を教えてください。そんな私の申し出に、堀井久利さん（三八）は、「う〜ん」と腕を組んで目をつむった。

「赤ちゃんですね」

と発したのは、長い沈黙のあとだった。

「生後一週間の女の赤ちゃんが亡くなったお葬式。ほんとは葬儀社の人間は出過ぎたことをしたらアカンのですけど、このときばかりは矢も盾もたまらず、僕、やってしまったんです……」

若い夫婦の最初の子で、近親者ら三十人ほどが参列した葬式だった。会場は嗚咽《おえつ》の渦。お父さん、お母さんは泣き崩れるばかりだったという。

僧侶《そうりょ》がお経をあげるまでは通常の葬式の進行と同じだが、堀井さんは「赤ちゃんにお焼香が似合わない」と思った。赤ちゃんと初対面の人が大半に違いないこのとき、焼香は参列者の心身を清めるためのものだから、赤ちゃんとの間に壁をつくるような気がしたからだ。

上司に相談すると、「お焼香をやめて弔意をお花で表してもらったらどうか」と提案された。喪家《そうけ》に申し出るのもはばかられ、「事後承諾してもらうしかない」と思い切った行動に出た。焼香台にアクリルの盆を置いて水を張り、参列者一人ひとりに赤やピンクのデンファレを渡して、「花びらをちぎって、水の中に捧《ささ》げてください」と促したのだ。

「お香の煙が〝仏さん〟の魂を天上に導くという仏教の理解、もちろん知っていますし、個人的には好きですよ。でも、理論や理屈が絶対かというと、そうやない。水面がデンファレの花びらでいっぱいになったあのとき、自分で言うのも何やけど、心のこもったお弔いになったと思います」

突飛なことをしたのは、それだけではなかった。花の弔いも終わり、喪主が挨拶《あいさつ》すべきときになっても、お父さんもお母さんも棺から離れない。涙をこぼして赤ちゃんを見つめるばかりだ。お父さんは挨拶が出来る状態ではない。葬儀社の人間は出過ぎたことをしてはいけないことはわかっている。ふつうなら「ご参列くださいましてありがとうございました。喪主になり代わり、御礼申し上げます」と終わらせるところだが、「とっさに頭の中に『詩』が浮かんできた」のだという。

「言葉の神様が僕のところに下りてきた。それが口をついて出たっていう感じです。一字一句は覚えていませんが、『今日はみなさん、確認のためにお集りになりました。○○ちゃんが確かに親族の一人であることを。○○ちゃんは、皆さんに愛されながら早く旅立たれました。○○ちゃんに敬意を表してください。これから○○ちゃんを、空に、夢に感じ、心で○○ちゃんと共に生きてください』みたいな内容。話しながら、こみ上げる思いを押し殺せなくなって自分も泣けてきて、終わりのほう、ぐずんぐずんでした。葬儀屋は泣いたらアカンのですけど、身内になったような気持ちでした」

堀井さんは、大阪市住吉区の株式会社日新葬祭に勤めて十年。お坊さんのようなスキンヘッドの人だ。何度か茶飲み話をしたが、いつもニコニコしている。ニコニコしながら、ときどきハッとさせることを言う。

「昨夜《ゆうべ》ね、『人間関係漢字論』という名前の本を読んだ夢を見たんです。人には、部首の人と旁《つくり》の人とがいる。Aさんが『さんずい』でBさんが『青』なら、二人で『清い』の『清』になるでしょ？　組み合わせて漢字になったら相性がいいということなんですって」

「人体の水分比率は六〇～七〇パーセントで、人間、焼いたら気体になって空に昇って雲になる。雲は水になって降りてくる。その繰り返し。人なんて、あってないようなもの」

「『生と死』と言うけど、その境界はあいまい。対抗するものじゃない。肉体がなくなっても、人の心の中にその人がいる限り、その人は生き続けている」

赤ちゃんの葬式のときに発話した「詩」は、そんな「堀井語録」の極みだろう。葬儀の現場にいるからこそ、人生哲学に通じる言葉が口をついて出てくるのだと思う。

「こんなこともありました」と、堀井さんは、もう一家族の例も語ってくれた。

突然死した三歳の男の子を担当した。

「ご両親はすごくショックを受けているのに、『虐待《ぎゃくたい》の疑いもあるから』と法律上解剖に回され、酷でした」

　監察医務院に、お父さんと一緒にその赤ちゃんを迎えに行って、立ちすくんだ。

「解剖後の小さな子どもは、僕、初めてでした。縫合跡が痛々しくて、かわいそうでかわいそうで……」。家までの車中、お父さんに抱いてもらった。

　家では、「おもちゃをいっぱい入れてあげてくださいね」と、大きめの棺を用意した。五歳のお姉ちゃんが肩を震わせながら自分のおもちゃまで入れる様子に、もらい泣きをした。葬式が終わり、棺の蓋を閉めようとしたとき、お母さんが「いややいやや」と泣き叫び、中の男の子を引きずり出して抱き上げ、離さなかった。その光景も頭にこびりついているという。

「それほど深く大きい悲しみやったのに、人は強いです。どんな深い悲しみからも、立ち上がる力を持っているんです」

　どういうことか。五年後にそのときのお母さんから、「今回も堀井さんにやってほしい」と、叔母にあたる人の葬式の依頼が入り、その家族と再会した。お姉ちゃんが小学四年生になり、次の子どもも生まれていて、賑《にぎ》やかな家族の姿がそこにあった。この家族は、あの深い悲しみを克服し終えていると思った。

「僕ら葬儀屋は『傘』やなと思うんです。亡くなった人のご家族の傘。深い悲しみに陥った家族がやがて一区切りついて日常に戻ると、傘なんか要らなくなる。電車の中に置き忘れられるくらいがちょうどいいんです」

けだし名言。堀井さんは自身の職業を俯瞰《ふかん》しているのである。

堀井さんは、私よりはるかに若いのに、年上に思えて仕方がない。人生の酸《す》いも甘いも経験済みなのか。なぜ葬儀屋になったのか。

母子家庭で育ったそうだ。側彎《そくわん》症で入院している兄の治療費がかさみ、貧しかった。入院に付き添うため母は留守がちで、小遣いは多めに家に置いておいてくれたが、寂しかった。一人きりのクリスマスイブに賑やかな商店街に行き、ローストチキンを一つ買おうとすると、店の人に「おにいちゃん、今日は家族でクリスマスのお祝い？」と聞かれた。ポケットの中の小銭を握りしめて、「うん、そう。二つちょうだい」と見栄を張った。二つのローストチキンを、泣きながら一人で食べたことが忘れられない。「お金があれば、兄ちゃんの病気も治る」と思ったという。小学生のときのあだ名は「銭ゲバ」。友だちに無心されても、決して応じず、「人生はお金だ」と作文に書いた。

人はなんで生きているんだろう。何のために生きているんだろう。そんな思春期特有の思いから高野山大学に進学したが、「密教が授業になっているなんて」と反発を感じ、半年で中退した。今でいうフリーターになり、とび職をした。

「人生はお金だ」の思いは続いていた。節約して貯金に励んだ。

「二十一歳で三百万円貯まったんです。そやのに、ゼロがいくつも並んだ貯金通帳を眺めていると、ものすごく虚《むな》しくなってきた。俺がほしかったのはお金か。お金があったら幸せなんか。このまま貯めていったら、三十歳くらいで一千万は貯まるやろう。けど、それでいいのかって自問自答したんです。ちゃうんちゃう？　お金は幸せの手段でしかないのに、イコールやと勘違いしてたんやと気づいたんです」

二十一歳の堀井さんは、車に家財道具を詰め込んで放浪の旅に出た。敦賀《つるが》（福井県）からフェリーで小樽《おたる》に渡り、北海道を一周した。陸路で東北から甲信越、北陸を転々とし、本州を一回りして大阪に戻ったのは一年後だ。そして、四国お遍路を徒歩で回った後、今度は沖縄に飛んだ。

「沖縄でたまたま読んだ新聞に『イッセー尾形、一人芝居コンテスト』の告知記事が載ってて。反射的に、俺、これやって（笑）」

二週間後に金沢で開催されたコンテストに出場し、優勝に輝いた。

「俺、才能あるって思ってしまいますやん」

上京して中野のアパートに住み、東京に数多《あまた》いる「演劇青年」の一人となった。引っ越し屋、宅配便の荷受け、タクシーの運転手、車の組み立て工場の季節従業員など職を転々として生活費を稼ぎ、オーディションを受けたり、端役《はやく》をしたり。二十五歳で「一人の劇団」を自ら立ち上げ、渋谷ジァン・ジァン（小劇場）で演じたこともある。夢打ち砕けたのは、最後に勤めていた車の組み立て工場をリストラされ、「食うに困るようになった」からだ。二十六歳で大阪に舞い戻った。

放浪中に知り合った北九州の女性を三か月後に大阪に呼び、結婚する約束ができていた。「正業につかなあかん」。日新葬祭に就職したのは、知人の紹介だとさらりと言った。

「自分探しの放浪の旅も役者修業も、葬儀屋さんになるためのステップだったんでしょうね」と言ったら、堀井さんは「そんなええように言わんといてください」と苦笑した。そして、こう続けた。

「ごめんなさい。うちの会社に勤めたの、知人の紹介って言ったけど、正確には母親の紹介やったんです。僕、放浪したり東京へ行ったりしてた何年も、正月すら帰ってきてなかったから知らなかったけど、うちの母親、いつの間にかうちの葬儀社の事務員になっとったんですわ」

職安に行ってもやりたい仕事が見つからず、お先真っ暗だった。母親に「うちの社長に話を聞いてもらったら」と促され、翌日から自分が働くことになるとはつゆ知らず事務所を訪ね、「もうすぐ結婚するのに、やりたい仕事が見つからず切羽詰まっています」と泣き言を聞いてもらった。

「そしたら、社長が『堀井君、結婚生活で一番大切なのは何かわかるか?』って。この人何を言い出すのかと思ったら、『お金や。お金がないと、夫婦はしなくてもいい喧嘩《けんか》をするようになる。仕事っちゅうのは、好きとか嫌いとかでする次元のもんやなくて、生活を維持するためのものなんや。うちで働くか?』って。もし単に、『うち、求人してるよ』と言われても、好き好んで葬儀社で働こうとは思わなかったやろうけど、社長の言う仕事観が『ほんまや』とスコッと腑《ふ》に落ちて社長を好きになったから、即座に『明日から働かせてください』って頼んだんです」

堀井さんは、「仕事っちゅうのは、好きとか嫌いとかでする次元のもんやない」というフレーズが甚《いた》く気に入っているようで、三回繰り返し、「葬儀屋はすごく厳しい業界。先輩にアホボケカスと何回怒鳴られたかわからないけど、本気出したら、好きでなかった仕事でもやっているうちに腰が据わって、好きになる。プロの〝仕事人〟になれると思う」と言った。

その場でいきなり遺産争いの修羅場が始まる葬式や、愛人と旅行中に亡くなったことを周囲が奥さんにひた隠しにする葬式など、「なんでこんなことになるの」と唖然《あぜん》とする現場にいくつも遭遇してきた。見て見ぬふりをすることもあれば、仲裁に入ることもある。プロの自信と誇りを凝縮するかのように「どんな場合でも滞りなくお葬式をして、ご遺族に仏さんをお見送りしてもらうのが、僕ら葬儀屋のミッションやから」と、堀井さんは確として言った。

「遺産をたくさん残した人も、まったく残さなかった人も、もっといえば社会的地位のある人もない人も、死を迎えたら結局みんな平等やなと思えるんですね、このごろ」

平等、で思い出したのが、本郷金子商店の高橋さんが「亡くなると誰もが成仏できる」と説く浄土真宗系を「しっくりする」と言っていたことだ。そこで、堀井さんに「浄土真宗はお好きですか?」と、気持ちがはやって言葉足らずの聞き方をしてしまったが、

「浄土真宗いうても十派あるでしょ。浄土真宗本願寺派、真宗大谷派、高田派、佛光寺《じ》派、興正《こうしょう》派、木辺《きべ》派、出雲路《いずもじ》派、誠照寺《じょうしょうじ》派、三門徒派、山元派」とするすると言い、家康の宗教政策で「お東」と「お西」に分かれた後、明治の宗教再編時に浄土真宗本

願寺派だけが浄土真宗を名乗ることを許され、他は真宗何々派と名乗るようになったと立て板に水のように説明をまずしてくれた。

「僕は、どの宗派も好きですよ。さかのぼれば、みんなお釈迦様の教え。何千もある経典の中から、各々《おのおの》の宗祖がご縁のあったものを教えにしてきただけの違いやから。浄土真宗の場合は、本尊の阿弥陀仏が、人が何にもしなくても、衆生《しゅじょう》救済してくれるというのが元々の考え方でしょ。『何もしなくていい』って言っていて、何かをしたらアカンとは言っていないのに、塩を撒《ま》いたらアカンとか、鈴台《りんだい》がお東は四角形、お西は六角形にしないとアカンとか、権力化、権力の重畳化の中で、『とらわれないことにとらわれる』みたいに本末転倒してきていると思います……」

社員数人の葬儀社。「夜と朝の境目がない」勤務体制で、休日もないに等しい。お客が「生命保険が下りたら払う」と言ったのを信用して葬儀代金一式に加え、僧侶への布施、火葬料まで立て替え、心尽して施行したのに、生命保険証書が偽物で、「ない袖《そで》は振れん」と逆切れされ、まだ未収のままの案件もある。「僕なんかまだまだですよ」と言うが、今まさに脂《あぶら》がのっている印象だ。

「うちは四割がた〝警察引き取り〟やし、孤独死の人を担当するのも多いです。でも、僕たぶん鼻が鈍いんですよ。皆が言うほど臭いと思わんのです。それに、クサッと思うと、クッと鼻の上のほうに力を入れて、臭いがせんようになる特技を持っているんです」

担当は、平均四十万円ほどの家族葬と十五万円ほどの直葬、役所から一律二十万円が支払われる生活保護の人の弔いも多い。利幅は小さい。「ぜんぜん儲《もう》かりませんわ」と笑いつつ、堀井さんは、「もしも、この業界がイケイケドンドンやった時代に葬儀社に入っていたら、僕はたぶん続かなかった。お葬式が小さくなっていく、もっと言えば誠実になっていく時代やったから続いたと思う」と言った。

給料袋が立つ

「イケイケドンドンの時代」を経験しているのが、中原忠さん（五三）だ。堀井さんが勤める日新葬祭の先輩。同時期に在籍したことはないが、「間接的な師匠」に当たる。「桑名正博のお葬式の花祭壇をテレビで見て素晴らしかったので、もしやと思ったら、やっぱり中原さんのデザインやった。僕ら〝外様《とざま》〟の葬儀屋が密《ひそ》かに尊敬している人です」と絶賛する。

「葬儀屋の裏も表も教えてあげますよ」

と、大阪市内の小ぶりの葬儀会館で迎えてくれた精悍《せいかん》な顔立ちのその人は、襟を立てた白シャツと、細身の黒のパンツをおしゃれに着こなし、まるで俳優のようにスタイリッシュだった。

「私が葬儀に携わり出した三十年ほど前、ごくふつうのお葬式で三百万円、多いと五百万円くらいやったか。はっきり言って、ぼったくりでした（笑）。仕事の内容もやり方も私らのモチベーションも、今とぜんぜん違いました。『駕籠屋《かごや》』『駕籠かき』『葬礼屋《そうれんや》』って言われて、世間から明らかに一段下に、蔑《さげす》まれて見られていましたから、どこかに、その分稼がせてもらわなという気持ちがあったと思いますよ。給料はよかった。立ってました」

「駕籠屋」「駕籠かき」は、かつて死体を籠《かご》で運んだことに由来する呼称だ。「葬礼」は、遺体を棺に入れて葬《ほうむ》ることや、その儀式を指すが、言われていい気はしなかったという。「給料はよかった。立ってました」の「立つ」は、給料袋が立つ、百万円以上の意味だ。

中原さんは、日新葬祭に勤める前、一九八二年から九〇年まで在籍した大阪市内の別の葬儀社での仕事ぶりを語り始めた。

「病院に入り込んでいる会社」だった。病院の事務職員や看護師を接待したり、事務長に現金を握らせたり、あるいは医療ミスや病院幹部の愛人など裏の情報を調べ上げて「脅す寸前」のことを行い、指定業者になる仕組みだ。「病院から連絡を受けた者勝ち」で担当したから、皆「(ゲームセンターの)モグラたたきのように」我先にと電話を取った。

「重役クラスの入院が多い北区の三つの病院からの電話を取ると、『よっしゃ』です。必死こいて仕事につなげましたよ」

遺体を病院に迎えに行き、家まで運ぶのだが、あくまで寝台車の会社として出向き、頃合いを見て車中で営業する。「もう葬儀社はお決まりになっていますか。うちは葬儀社もやっていますよ」。決まっていると言われても、「うちは、その葬儀社よりずっと丁寧ですよ」ともちかける。

「『お願いします』となれば、オプションをばんばん取って、ぺんぺん草も生えんくらい、むしり取れるだけむしり取ったれ、とやってましたね」

オプションに、彫り物の入った檜《ひのき》の棺や、祭壇に飾る大がかりな回り提灯《ちょうちん》、水車、高価な花などがあった。「豪華ですよ。これで故人様も浮かばれますよ。お宅ほどの家ならこれくらいしないと、見る人は見ていますよ」と煽《あお》った。言い値で通った。

「当時、遺族のためにこうしてあげたいというような気持ちは皆無。仕事は全部自分のため。自分が儲けるため。遺体はモノ。遺族からどれだけぼったくれるか、面白い、ボロい商売やったんです」

多額のチップも堂々と要求した。手伝いの女性や祭壇組み立てのスタッフの分も合計し、見積書にチップ額を書き入れる。しかし、その人たちに渡すのは僅少額《きんしょう》に留め、「三百万円のお葬式で十五万円ほど」をポケットに収めるのが「当たり前」だった。

「悪銭身につかず、でしたね。家もベンツも買ったけど、家で過ごす時間もベンツに乗る時間もなかったし、きれいなおねえさんのいる店に行った記憶もほとんどない。そやのに、辞めるときは、離婚も重なってスッカラカンでした……」

まず、自らを嘲弄《ちょうろう》するかのようにそんな話となったのは、私が葬儀社の阿漕《あこぎ》な話を知りたがっていると先回りした、中原さんのサービス精神だと思う。「なぜ葬儀屋さんになったのですか？」と、やっと聞く。

「花屋からの転職です」

高校卒業時に「できちゃった婚」をして働かなくてはいけなくなり、花屋に勤めた。ブライダル部でブーケやテーブル立花作りを担当したが、ある日葬儀の応援に入ったら、そっちのほうが面白かった。

「悲しみの場で、お客さんにどう喜んでもらうかの幅が広かったから。祭壇やその周りには白か黄色の菊を飾ると限られていた当時、きれいな真っ赤なバラやカーネーションを入れてみたいと思ったんですね」

決まり事を打ち破るには裏付けが要る。供花がいつから、なぜ菊になったのか。聞きまくり、調べまくった。長い歴史の中で、今の葬儀の形になってきたのは戦後からとも、菊は天皇家の紋章にあやかり、また、年中供給できるから用いられるようになったらしいとも知る。バラはトゲがあるから使わないのが〝常識〟とわかった。

「なんや、それだけのことか。大した歴史もないのに、決まり事が多すぎる。しばられなくてもいいはずや」

葬儀社に入って実践するほうが手っ取り早いと、二十二歳で転職したのだという。

「今の、生花祭壇の走りです?」

「大手では試みられ始めてたから、私が先駆だとは言いませんが、生花祭壇を作り上げてきた自負はあります」

葬儀社に入ると、「ご遺体が冷たい、硬いもんやと知り、引いた。慣れるまで、気持ち悪くてたまらんかったが、頑張った」とも笑う。「頑張った」のは、ぼったくりだけではなかったのだ。故人がヒマワリが好きだったと聞くと、真冬でも輸入のヒマワリを探し、カーネーションが好きだったと察すると、何百本ものカーネーションで祭壇をデザインした。お客のどんな希望にも「ノー」と言わなかった。

「でも、ぼったくりを八年もやると、アカンやろと思うようになってくるやないですか。辞めた後、ぼったくりと対極の日新葬祭に八年勤めて、私、まともな心を取り戻したんですね（笑）。結構自由に花祭壇も作らせてもらいましたが、社員としての限界もあって、四十歳で『出張の葬儀屋』として、独立。『デザイン葬、承ります』と、幹線道路沿いのビルに看板を揚げた。実績を作ってからこの会館を持ったんです」

「この会館」は葬儀会館らしくない。外観は隠れ家レストラン風で、館内はオークで統一された輸入家具が配置されている。祭壇のスペースは大理石風だ。ここでの施行と、公営など他の会館での施行が半々だと言った。

結論として、中原さんは宗教色のない葬儀が好きだそうだ。

「今の人、ほぼ一〇〇パーセントがお経のおの字も知らないから、意味もわからずお坊さんのお経を聞いてもありがたくもなんともないでしょ。限られた時間とお金を形式に使うより、故人との心のお別れに使うほうがいい。弔いの表し方は、一家族ずつ違っていいと思うんです。だってね……」

大阪で明治の終わりごろまで華美を極めた葬列「奴行列《やっこ》」は、江戸時代の大名行列に倣《なら》っていた。一九〇一（明治三四）年に亡くなった中江兆民《なかえちょうみん》（思想家・衆議院議員）

が「自分は宗教を信じないから葬式は不要」と遺言し、宗教色を排した式が行われたのが「告別式」の最初。昭和初期まで喪服は白だった。「家で通夜、葬列、火葬場や土葬の墓地でお坊さんが読経《どきょう》する小さな葬儀」から、霊柩車《れいきゅうしゃ》の利用で葬列がなくなり、今の「通夜、葬儀、火葬」形式になった。棺は祭壇の三段目に組み入れられていたのが、「顔を見られるように」と祭壇の前に置かれるようになったのは七〇年代からだと、中原さんは足を組んでリラックスした姿勢でいっきに話してから前のめりの姿勢になって、私の顔をまじまじと見た。そして、

「時代時代で、お葬式だって変わって当たり前ですよね。だから、僕的には『葬儀社の言う〝常識〟は疑ってかかれ』『なんでもあり』なんですよ」と断定した。

無宗教葬の施行が、すでに百を超えている。「最高に良かった」と思える施行例を挙げてもらった。

「デザイン葬」の看板を見て、四十代の女性が七十代の母親の葬式を依頼にきた。孫が七人いて、家族をこよなく愛した美しいお母さんだった。女性の話しぶりから、そのお母さんのイメージに沿う葬式を望んでいると読み取れた。

「お寺さんを呼ばないとややこしくなる、ってことないですか？」

「たぶんないと思います」

「うるさい親戚《しんせき》いませんか？」

「いません」

いくつかのやりとりの後、

「じゃあ、無宗教で、お母さんの好きな音楽を流して行いましょうか」

中原さんの提案に、「お任せしたい」と女性が言った。

「お母さんの好きだった花は？」

「赤いバラです」

「奇抜にやってもいいですか」

「はい」女性が頷《うなず》いた。

じつに奇抜なお葬式に仕立てた。

「お客さんの潜在的な希望をイメージし、紙にラフデザインを描いて作り上げていくんですね。父親が建築家だったので、やっていることは一緒かもしれません」

場所は、大阪市営火葬場に併設のふつうの斎場だ。祭壇を設置せず、部屋の中央に「王女様が寝るようなベッド」を置き、ベルベットでくるんだ棺を載せた。棺の中の故人には、お気に入りだったというプラダのドレスを着せた。これを着せるために、かなりの時間をかけて硬直した腕や手をマッサージしたという。天井から透明の薄赤色の天蓋《てんがい》カーテンで、ベッドと棺を覆《おお》った。傍らに、緋毛氈《ひもうせん》を敷いた数段の階段を設けた。

ベッド周りの床を真紅のバラの花で埋めた上、アクリル板で小川を作って水面にバラの花びらを散らせ、周りに「七人の小人」の陶器の人形を点在させた。

「来た人全員が涙をぽろぽろ流したんです。そこまで感動するかなと思って、聞いたら、お母さんが亡くなる前日に、『七人の小人が出てくる夢を見た』と話されていたんだそうです。お孫さんが七人いたからなんでしょうが、私はその夢のことを聞いていなかったのに、まるまるそのイメージの空間を作っていたんですね。こういう偶然って、お葬式関係では起こりがちなんです」

フランク・シナトラの曲を流した。喪服ではなく、思い思いのおしゃれをして参集した三十人の親族が順に緋色の階段を上り、天蓋カーテンをくぐって献花した。そして、故人への思いを語り合う時間がゆっくり流れた。

斬新《ざんしん》かつ天晴《あっぱ》れな見送りだ。サービス業と職人仕事の両方がいかんなく発揮されている。

「修復もエンバーミングもしていないから、その間、遺体は少しずつ劣化していっていますが、当たり前です。お葬式は、徐々に死体になっていく時間を引き受ける儀式ですからね」

と、中原さんは本質も突いた。

「ぼったくりの頃、遺体はモノとしか思わなかったのに、この頃友だちみたいに思えるんです。夜間に真っ暗な山道を奈良県十津川《とつかわ》村へ運んだとき、往路は後ろのストレッチャーに（遺体が）いる、二人連れやと思うと安心で、関節がゆるんでボキッボキッと鳴る音が聞こえてきてもぜんぜん怖くなかったのに、帰路一人っきりになると暗い山道が怖くて怖くて。ぶっ飛ばして帰りました。ふつう反対ですよね」

「この前、テラスハウスの二階のお宅に（遺体を）ご安置したいというお客さんがいました。玄関のドアを開けたらすぐに急な階段で、踊り場も狭いし、とてもストレッチャーで運べるところやない。どうしようもない。げっ、と思ったけど、もうおんぶするしかない。僕、背中に寝間着のご遺体おぶって、階段を上がったんですよ。ちっちゃいおばあさんやったのに、これが意外に重たくて生あたたかくて。漫画みたいでしょ」

終わりがけに聞いたそんな話も、いつまでも頭に残った。

第三章　湯灌《ゆかん》・納棺・復元の現場

私事だが、二〇〇八年に父が亡《な》くなったときに依頼した大阪の葬儀社は、葬儀に先立ち、遺体を「清拭《せいしき》」するか「湯灌」するか、「エンバーミング」をするかを選ぶシステムだった。タオルで体を拭《ふ》くのが清拭で五万円、風呂《ふろ》に入れるのが湯灌で八万円、施術を行って生前に極めて近い姿形に復元するのがエンバーミングで十六万円と説明された。

葬祭ディレクター技能審査受験者のバイブルとされる『葬儀概論』（碑文谷創《ひもんやはじめ》著、表現文化社、初版は一九九六年、増補三訂二〇一一年）には、湯灌がこう解説されている。

〈1、昔ながらの湯灌

お湯をわかし、盥《たらい》に水を入れておき、それにお湯を注ぎ、遺体を洗浄します。水にお湯を足すという、通常とは逆の方法で温度調節をするので「逆さ水」と呼ばれます。近親者あるいは地域の住民により行われてきました。

これは最近では病院で死後の処置がなされてくることが一般的になったため、行われることが少なくなりました。

2、湯灌業者による湯灌

自宅巡回の老人入浴サービスから転じたもので、車に浴槽を積み込み、自宅を訪問して、あるいは民間斎場内の湯灌室にて湯灌のサービスを行います。こうしたサービスが流行したのは90年代に入ってのことです。

一定の儀礼形式を踏み、布で遺体を隠し、シャワーで遺体を洗浄して、着替え、化粧まで施すものです。

＊本来は「湯灌」は儀礼ではありませんが、あえて儀礼形式を採ることが多いのは、「湯灌」というサービスに付加価値を与えようと業者が行っているからです。同様に逆さ水は慣習であり、通常とは別にするためであり、儀礼とは言えません〉

後に取材した神奈川県平塚市の葬儀社では、前述のとおり、「この世のお疲れを癒《いや》し、あの世の産湯《うぶゆ》とも言われます」と説明し、洗面器のお湯で手足と顔を拭く省略形を「湯灌の儀」と呼んでいた。しかし、当時の私はそんな概要や口上を知る由《よし》もなく、選択基準がわからないまま、「父はお風呂好きだったし」と思い、「価格的に間をとって」の感覚も手伝って湯灌を頼んだ。

父は肺炎で入院した一週間後に亡くなったのだが、病院からまっすぐ運ばれた葬儀会館の控え室で湯灌されることになった。葬儀社の人からは立ち会いを勧められることも特になかったと記憶する。私はその時間にいったん家に帰り、会館に戻ると父は湯灌を終えて棺に納まり、ガラス張りの冷蔵庫の中にいた。あっという間に「遺体」になったような気がしないでもなかったが、それが死後の〝段取り〟というものだろうと受け取った。

故人に安らかな旅立ちを願う気持ちは、遺体への手の掛け具合、もっと言えば葬儀全般へのお金の掛け具合とは関係ないと思っていたし、今もそう信じている。

人間は心臓が止まった時点で、即物的にモノになる。しかし、感情的には割り切れない部分もある。棺の中の父の服装には、お気に入りのジャケットとポロシャツ、スラックスを選んだ（こうした〝私服〟の着用は、全国的には少数だと後で知った）。「経帷子《きようかたびら》を着用しなくとも、いつでもお着替えなされるようにご遺体の横に置きましょう」と、葬儀社の人が提案してくれて、白装束と手甲脚絆《きやはん》、頭巾《ずきん》、それに「三途《さんず》の川の渡り賃」とのことで紙にプリントアウトした「一文銭」六枚を頭陀袋《ずだぶくろ》に封じ、棺に入れた。

よもや「亡くなった人は白装束で歩き、三途の川を渡って『あの世』へ行く」と信じている人はいないだろうに、少々滑稽《こっけい》に感じた。

しかし、いざ棺の蓋《ふた》を閉じる段になると、棺の中の父の周りを花で埋め、愛用品や好物なども棺に入れたくなり、許される最大量を入れた。「あちらの世界で心地良く過ごして」という思いの発露だったろう。

実家は真言宗だが、私には帰依《きえ》している感覚はない。宗教を持たないものの、だからといって「あちらの世界」や亡くなった人の「魂」の存在を全否定するほど、割り切れない。

葬儀社の人たちに取材を重ねるうち、そうした感覚は遺族だけではなく、「仕事」として遺体に接する人たちもまた同じだと思えてきた。また、葬式を請け負う人たちにとって、「死」は「生」と〝地続き〟なのだと私は感じ始めていた。では、遺体そのものに直《じか》に触れる仕事をしている人たちにとってはどうなのだろうか。湯灌師、納棺師、復元師と呼ばれる人たちだ。

葬儀業界の裏側を知りたい

「六年前に入社してすぐのことです。初めて先輩たち三人について、喪家《そうけ》に伺って湯灌を見せてもらったとき、『ああ私は今、亡くなった人をケアする立ち位置にいる。生きているんだ。私はこれからも生きていかなきゃダメだ』とハッとしたんです」

こう話すのは、虎石薫さん（三五）。平安セレモニー株式会社（新潟県上越市）のメモリアル事業部ケアサービスの部署で、湯灌・納棺の仕事をしている。

じつは、十年余り前からの知人である。彼女が京都の芸術系の大学を卒業後、大阪の民間シンクタンクでアートイベントの企画・制作等の仕事をしていた二十代前半に知り合った。周りに気配りできるタイプで、「とらちゃん」の愛称で呼ばれ、期待された「即戦力」に応《こた》えるため、毎夜遅くまで残業していた。優秀だったが、より優秀な先輩たちのように手際《てぎわ》よく仕事をこなしていけないプレッシャーなどから、二十六歳で調子を崩し、退職して郷里に帰った。実家は真宗大谷派の小さな寺である。

実家での暮らしは過食の日々となってしまう。七十八キロまで太った。「自分から〝戻って来られない場所〟へ行ってしまおうと考えることがなかったとはいえない」

そうだが、精神科のケアを受けて回復の途についた。その間に得度している。祖父が亡くなり、「人の生き死にへの仏教の関与は？」と考えるようになったのがきっかけだったが、僧籍を得たことと、生計を立てることは別次元である。父もサラリーマン兼業だった。「疾病《しっぺい》手当の給付が間もなく終わる。食い扶持《ぶち》を探さなければ」となった。

「葬式仏教と言われるが、お寺の裏側より葬儀業界の裏側を知りたい。葬儀社を覗《のぞ》いてみたい」と思うようになった矢先、職安で見つけた仕事先が、平安セレモニーだった。

私は彼女が湯灌師・納棺師として働き始めて間もない頃に新潟県内の居酒屋で一度会い、一緒に飲んでいる。ずいぶん太っていた。杯をぐいぐい空けながら、「七十歳で亡くなった人も九十歳で亡くなった人も、誰もが平等に人生を全うしたと思える。人生に優劣はなく、命の重みの平等性は担保されているのだと感じる」と、小難しい言葉を交えて話していた（本人は覚えてないと言うが）。それから五年が経《た》ち、湯灌の現場を初めて目の当たりにしたときの感覚を、改めて振り返ってもらったのが先の言葉だ。

「湯灌でお風呂に入っている方の横で、小さなお孫さんが『おじいちゃん、気持ちよさそうだなぁ』と言う。『盆栽が好きだったよね』『病院にプリンを持って行くとおいしそうに食べたよね』などとご家族が生前の物語をぽつりぽつりと話される。すると、亡くなったそのおじいちゃんがお風呂に入りながら穏やかに生きているように見えてきたんですね。生も死も特別なことではなく、とても自然なこと……。だから、生の側にいる自分は生きていかなければと気づかされたというか、生きている側に立つ仕事につけるありがたさに気づいたというか」

そう続ける虎石さんに、病んでいた面影はまったくない。体重も二十キロ以上落ち、完全に元に戻っている。こちらに大きな瞳《ひとみ》をまっすぐに向ける。湯灌・納棺の仕事の何が心の病の完治につながったのか。

上越市内の市街地から続く幹線道路沿いに建つ、葬儀会館の別棟二階に、平安セレモニー株式会社メモリアル事業部ケアサービスの部署の詰所がある。足を踏み入れ、劇場の楽屋のようだと思った。打ち合わせテーブルやホワイトボード、さまざまな化粧品が並ぶ棚や、タオルや布類、衣裳（死装束）が整理されたボックスなどが雑然と配され、日々稼働《かどう》していることが一目瞭然《りょうぜん》の三十平米ほどの空間だった。打ち合わせてこの仕事十二年の主任（四一）以下、五人のスタッフは全員女性で、前の職場と虎石さんもその一人だ。

「当日のスケジュールが決まるのが前日の夕方なんです。台風が来るとか急に寒くなるとか気圧の変化があると、『明日は多いんじゃないか』と思うんですが、その予想はだいたい当たります。朝八時に出勤して、住所、お名前、年齢、宗派などの基本情報をもらって準備し、二人一組か三人一組でご喪家に軽バンで伺います。平均すると一日に三件でしょうか」

土地柄、ほとんどの故人は病院からいったん自宅に戻る。営業担当者が打ち合わせをして湯灌または清拭の希望が決まり、通夜《つや》に先立って虎石さんたちケアサービスのスタッフの出番となるのである。湯灌と清拭は半々だという。

湯灌の場合、一件につき必要なのは大型のバスタオル二枚、フェイスタオル八枚、シーツ二枚、綿花一式、「仏着」セット、ドライアイス十キロ。それに、乳液やクリーム、ファンデーション、口紅などを入れたスタイリストのような大きな化粧品バッグを携えて喪家に出向く。車には、樹脂製の浴槽とそれにつなぐホース、給湯器が入っている。十キロ以上ある浴槽を女性だけで車から喪家へ運び入れるのも、遺体を持ち上げるのも、そもそもかなりの力仕事だという。

「体力的にキツいことはキツいですよ。最初三か月の研修があって、あと、細かに先輩たちの指導を受けて覚えていったんですが、キツいのが私には逆によかったのかも。

頭優先でも体優先でもない、両方をバランスよく使う仕事なんですね。できるようになっていく喜びがしっかりあるんです」

喪家での最初の仕事は、布団《ふとん》の上で寝ている故人の体の傷口の有無を確かめた上、必要に応じて鼻や口、耳に「含み綿」と呼ぶ綿花を詰めることだという。「体液の逆流をなんとしても避けたいんですよ。信じられないでしょうが、鼻の穴から含み綿が延々一メートル入っちゃうこともあるんですよ」と、虎石さんの先輩（三一）が教えてくれる。

「えっ？　一メートルも？」

驚くと、虎石さんが「美術科出身だから、絵だけは描けるので」と、私のノートに人の顔の断面図を描き、「鼻と口がこうつながっているんですね」と説明してくれる。「その先、喉頭《こうとう》から気管支につながっているから、一メートルもアリなんですよ。含み綿は長いピンセットで入れていくんですね。最初のうちは直視できなかったけど、根性を出してやっていくうちに、すごく重要なことだと思うようになりましたね」

湯灌はこんなふうにして行うのだと、虎石さんは主任と一緒に葬儀会館の控え室で示してくれた。

故人を二人で抱え、浴槽に張ったネットの上に寝かせる。バスタオルで体全体を覆《おお》い、衣服を脱がせる。そして、体の担当と頭の担当がそれぞれの場所に膝《ひざ》をつく姿勢となり、シャワーのぬるま湯で洗っていく……。フューネラルビジネスフェアの会場で見た湯灌のデモンストレーションとそっくりの工程だが、浴槽の後ろ側に座っていた虎石さんが「私は主に頭髪のシャンプーの担当なんです」と膝歩きの形で浴槽の端に移動したとき、不意を突かれた。白のシャツと黒のパンツ姿なのに、まるで歌舞伎《かぶき》や人形浄瑠璃《じょうるり》の黒衣《くろこ》のように見えたからだ。あまりにも動きが「滑らか」だったのだ。

「うっ。そこ、気づきますか？」と虎石さんがにこっとした。

「日本舞踊じゃないけど、頭や肩を動かさないとか、なるだけ平行移動しようとか気を遣っているんですね。重いものを重い、軽いものを軽いと見ている人に気づかれないようにしようとも。『よいしょ』『せ〜の』みたいなところを、ご家族に感じさせたら申し訳ないじゃないですか」

同地では、湯灌は遺族を前に行うものなのである。主任が続けた。

「ご遺族は私たちの手元を見ていらっしゃいますから、指先をまっすぐ伸ばすとか、どういう所作が美しいかとか常に考えています。そして移動などは、スタッフ同士が目で合図して気づき合うんです。現場現場で判断していくんですね」

二人で浴槽の後ろ側を左手から右手へと移動を試みてくれたが、背筋をしゃんと伸ばした前向きの姿勢で見事に平行移動した。シンクロしている。

故人の頭は想像以上に重い。手で支える、首の後ろ側の硬直が人によって違い、硬かったり柔らかかったりすると虎石さんは言う。柔らかいと、シャンプーするとき肩から持ちあげたくなるが、故人が息苦しそうに見えてはいけないので避ける。力の入れ加減も臨機応変なのだそうだ。シャンプー、リンスの後は洗顔し、顔の産毛《うぶげ》などを剃《そ》り、マッサージをしてから蒸しタオルをあてる。バスタオルで覆った体は、下半身をまさぐっているように見えないように気遣いながら、優しい手つきで洗う。

「洗いながら、遺体に引っ張られそうになることはないです？　遺体からなぜか手が離れなくなり、不気味だとか」

思い切って聞いた。

虎石さんは少し不愉快そうな顔つきになり、「あり得ないですね」と言い切った。

「葬祭ディレクターから、真夜中にご遺体と一対一でいると理屈ぬきに怖くなるときがあると聞いたことはありますが、私たちはご家族もいらっしゃる場での仕事だし、その感覚はまったくないですね」

ただし、遺体に感情移入してしまい、気持ちが引っ張られることはある。自死した知人を担当したとき、遺体に「私たちがちゃんと洗っていますからね。見ていてください」という思いになったという。いつにも増して気が張り詰めた状態での作業となった。

「そのとき、仕事中は涙を飲み込みましたが、すべてが終わってから大泣きしてしまいました。もっとも普段はそういうことはなく、ご遺体のしわしわだったり、ぷよぷよだったりする肌をスムーズに洗わなくちゃと、ただただ必死です」

主任も、話の仲間入りをしてきてくれる。

「私は『この足で九十年頑張ったのね』とか、足の裏が分厚くなっていたり、小指の表面がデコボコになっていたりしたら『ごくろうさまでした』とか、心の中で声をかけながら仕事していますね」

二人の話を聞くうちに、この人たちに湯灌してもらう故人と見守る遺族は満足感が高いだろうと思えてくる。しかし、また一方で、病院で一応の清拭を終えているのだから物理的には不要で、パフォーマンス的要素が大きいのではと勘ぐりたくもなる。そんなふうに言うと、虎石さんは少し考えてから、こう言った。

「旅支度って言いますけど、三途の川もあの世も、あるともないとも証明されていないでしょう？」

言わんとしていることがすぐにわからなかったが、三途の川やあの世が「ある」と証明されていないのにはうなずく。だが、「ない」と証明されていないというのが、私には新鮮だった。

「だから、習俗に従わずに後悔するより、従っておくほうがいいと思うんですよ。都会じゃどうかわかりませんが、この辺りの海辺や山間部の集落では湯灌の習俗というか文化が、私たちが仕事とする以前から根を下ろしているんです。『沐浴人《もくよくにん》』という言葉を聞くんですね」

年配者が亡くなると、「私が死んだら、沐浴人はお前」と名指しで頼まれていたと、故人の周辺の人から聞くケースが少なからずあるという。それは、故人の甥《おい》の子息など直系でない親戚《しんせき》、あるいは隣近所の人。亡くなった人を風呂に入れ、拭き、白装束に着替えさせる役割が喪主や家族でないのは、大きな悲しみの中に押しやられると共に葬儀で何かと忙しくなる当事者たちへの労《いたわ》りだろうと虎石さんは考察する。

「沐浴人の方は『私がやってあげたいけど無理だわ』と。だから、現実的には私たちが伺い、お手伝いしてもらいながら、清拭をさせていただくんですね。お着替えが終わった後、アルコールを染《し》み込ませた綿花が喪主から沐浴人に手渡され、顔や手足を拭かれるのですが、敬われる、しかるべき役職だと思います」

映画『おくりびと』の原案となった青木新門著『納棺夫日記』に、富山では故人の従兄弟《いとこ》や甥が酒をあおって、村の長老らの指示で湯灌・納棺を行うシーンが出てくる。富山と新潟は隣同士だ。

同著には「死者を全裸にしたり、起こしたり横にしたりするものだから口や鼻や耳から血が出てきたり、不快な状況を現出させるわけで、取り巻く人々は死者への愛惜の念と死体への嫌悪感《けんおかん》と死への恐怖などが入り混じり、いやがうえにも昂奮《こうふん》状態が増幅されてゆく」とあるから、元はそういった面を免れなかったのかもしれない。虎石さんは「ケとハレが交差する神事だったのでは」と見る。

「上の世代は裸にふんどし姿で海に入って身を清めてから行ったとかで、その名残で、スラックスの上にふんどしを締めた沐浴人の方がいらっしゃり、驚いたこともありました。湯灌が終わると、沐浴人をはじめ皆さんがお手塩《てしょ》皿に入れた豆腐を一口ずつ食べるエリアもあります。白いものを取り入れ、死のケガレを清める風習なのかもしれない」

とすると、この地で湯灌は今も大きな意味を持っているのだ。

湯灌後は白装束を着せてから、多くの場合「血色メイク」を施す。顔の肌は時間の経過によって表皮剥離《はくり》が起きがちで、乾燥が激しいと「スモークチーズのように」なる。乾燥の度合いを手のひらで確かめ、保湿クリーム、コンシーラー、ファンデーション、パウダーなどを塗るのだという。

「ご遺体のお顔の感触？　温かみはないですが、そう冷たくもないかな。触りながら、九十代の女性は色白できめ細かい肌の人が多いなとか、プチプチと髭《ひげ》が剃れる男性は亡くなるまでお元気だったのだなとか、生前に思いを馳《は》せてしまいますね。生意気なこと言いますけど、死に触れ、死を考えることは、生きるということを考えることだと思えるんです」

なお、虎石さんの取材を終えて東京に帰ってから、彼女の言った「ふんどし姿の沐浴人」に関して、柳田国男（一八七五〜一九六二年）が一九三七年に上梓《じょうし》した『葬送習俗語彙《ごい》』（『葬送習俗事典』と改題し、二〇一四年に復刊された）に、類似する記載を見つけた。

〈湯灌　ユガン　能登越中などでは納棺のことをユガンという。鹿島郡では普通甥にあたるものがこれに与《あずか》るが、甥なき時は兄弟であり、二人位でする。（中略）藁《わら》縄《なわ》を襷《たすき》とし、死者を新調の盥に入れて髪を剃り、列座の近親はかわるがわる必ず左杓《しゃく》で水をかける。屍体《したい》を起す時は必ずオイとかサアとか掛声をする。そして棺に納めるのである〉

鹿島郡（石川県）は、柳田の調査地だったのだろうが、虎石さんがカバーするエリアから八十キロほどしか離れていない。昭和初期に、湯灌を故人の甥たちが担《にな》い、出で立ちは藁縄の襷掛けだった。あるいは、藁縄の襷掛けだけでなく、ふんどしを締めるケースもあったかもしれない。虎石さんたちは、そのような習俗の名残ぎりぎりのところへ近代的な樹脂製の浴槽を運んで行き、業務としての湯灌を行っているのである。

モノトーンの「劇場」で

虎石さんたちのリアルな仕事現場を見たいという希望は叶《かな》わなかったのだが、しばらくして福島出身の友人のお父さん（八六）が亡くなり、別の納棺師の仕事の現場を見る機会を得た。

場所は、福島市内の友人の実家。私鉄の無人駅から幹線道路沿いに五分ほど歩いた、裏に田園が広がる地にある築五十年ほどの木造二階家だ。広い玄関に夥《おびただ》しい数の靴がきちんと列を作って並んでいる。故人と同年輩であろう年配者から二十歳そこそこのお孫さんまで三十人もの喪服姿の人たちが、ふすまが開け放たれた一階の六畳三間に座っていた。

親戚が多いと聞いてはいたが、これほどの大人数が納棺に立ち会うのかと私はカルチャーショックを受けた。ところ変われば習俗も変わる。前日に肺気腫《はいきしゅ》で亡くなった故人が、最奥《さいおう》の部屋に臥《ふ》している。納棺に重きを置く土地柄なんだろうか。

「いや、納棺の儀式って近年のことじゃないかな」と友人。この辺りでは、お通夜の翌朝、先に火葬してから骨壺を中心に据えて告別式をする「骨葬」が長く一般的だったから、湯灌をする必要はなかったはずだという。お母さんはその形式を希望したが、僧侶《そうりょ》と火葬場の都合がつかず、通夜、告別式、火葬の順になったそうだ。

黒っぽいスーツ姿で家に入ってきた長身の男性が、廊下でジャケットを脱いで白衣を羽織り、前ボタンをとめた。革のアタッシェケースを携帯した姿は、往診に来たドクターのように見えた。端正な面立ちの人だ。四十代だろうか。髪の生え際にわずかに白髪が混ざっている。

故人の前に正座して合掌した後、「本日担当させていただきますアンザイです」と、喪主であるお母さんと家族・親戚一同に一礼し、「これから準備させていただきます。お着物のお着付けとお顔剃り。それからドライシャンプーで髪の毛を洗わせていただきます」と続けた。

素手だ。長方形の綿花で故人の顔を隠し、最初の作業が始まった。鼻や口へ詰め物をしているのだろうと察するが、至近距離にいてもまったく見えない。綿花を持つピンと張った指先に目がゆくばかりだ。

終わると、掛け布団を掛けたまま、故人を横向きにし、あれよあれよという間に着衣を経帷子に着替えさせた。そして、シェービングクリームを故人の顔に塗り、理容師が使うような剃刀《かみそり》を眉《まゆ》の間、頬、口元の順に当ててゆく。極めてスムーズに。タオルを顔全体に当てる。拭くというより、タオルでパックするといった感じで、まるでマジシャンの手つきだ。次は左手で鼻を隠しながら、鼻毛のカットをする。さらに、頭部をマッサージするようにドライシャンプーをし、櫛《くし》で頭髪をといた。

途中、友人が部屋の後方から手招きしたので、そっと席を立つ。後方から見ると、故人と納棺師が俳優のように共演する、モノトーンでサイレントの「劇場」がそこにあった。左右のふすま、和簞笥《わだんす》や時計など年季の入った調度品が劇場を静かにひきたて、喪服の〝客〟たちが固唾《かたず》を呑《の》んで見守っている——。

「口を閉じさせてもらえます？」

と、友人のお兄さんが聞く。上下の唇が、わずかに開いていたのだった。

「痩《や》せちゃってて、口元がこけているし、このままじゃちょっと……」

お兄さんの奥さんも加勢する。

「今からではちょっと難しいんですね。でも、少しお待ちください」

納棺師は再び長方形の綿花で故人の顔を隠し、なんらか手元の作業をする。一、二分の作業が終わって綿花をはずすと、ふっくらした口元に変わり、そして上下の唇も閉じられていた。

「お化粧を、どうしましょうか」

「したほうがいいのですか」

「女性の場合は希望されるお宅が多いですね。男性の場合も血色がよくないとか理由があればお勧めしますが、そのままでとおっしゃるお宅のほうが多いですね」

「じゃあこのままで」

「はい。十分おきれいだと思います」

お兄さん夫婦とのやりとりがあった。お母さんは黙って聞いていた。

最後に、「ただ今よりご入棺となります。恐縮ではございますが、男性の方中心にお手をお借りできればと思います」と応援を求め、シーツにくるんだ形で故人を棺に移す。手甲脚絆などが家族の手によって付けられた後、故人の愛読書や紙コップに入れた地酒、庭に咲いていた朝顔などを入れて棺が閉じられ、すべての作業が終わった。おおよそ一時間十分だった。

「見事でした。妙な例えで恐縮ですが、名優が演じる美しい劇を見たような余韻が残りました」

後日、取材に応じてくれたその納棺師・安齋康司さんにこう切り出すと、「ありがとうございます。私たちの仕事は、限られた時間内にどれだけのサービスを提供できるか、なんです」と小さく笑った。

名刺に「株式会社たまのやピュアレスト担当」とある。たまのや（福島県福島市）も、地域密着型の総合葬祭会社である。ピュアレストとは同社の造語だそうで、四十一歳から二十五歳の男女六人が所属する納棺の部署名だ。安齋さんは印象よりかなり若く、三十一歳だそうだ。

「納棺は、続く葬儀の式典の一番最初でしょう？　お客さんに良い印象を与えなくちゃいけないですから、何ごとにも作法がありまして……」

「仏さん」に自分の体が当たらないように、膝を揃《そろ》えてポジショニングする。ピンセットは、片手ではなくもう一方の手を添えて取る。着物も必ず両手で触る。裾《すそ》をつかむときは指三本。第一関節より上で。指先まで神経を尖《とが》らせる。そんな「作法」なのだという。常に爪《つめ》を短く切る、指先をささくれさせないともいう。「トータルな美しさ」にはこうした所以《ゆえん》があったのだと、虎石さんたちの「平行移動」も思い出しながら、腑《ふ》に落ちる。

安齋さんは、遺体の基本知識から話してくれた。

「死後の時間やご安置の状態によって、ご遺体は微妙に変化します。触れた手の温度すらダメージを与えるほど繊細なんですね。温度が上がると腐敗は早くなる。内臓が腐敗すると、腹部が緑色に変化し、さらには全身が真緑になっていることもあります」

「清拭にしろ湯灌にしろ、触れるのは遺体にとって良くないということになりますか？」

「そのとおりです。私の感覚だけで言ってしまえば、亡くなった時点ですぐに棺に納め、ドライアイスを当てて固めて、お葬式当日まで冷蔵庫に保管しておくのが、ご遺体のためには一番だと思います。でも、ご遺族の感情というものがある。土地の風習というものがある。ご遺族に納得して故人を送り出してもらうため、全力を尽くすのが私たちの役目だと思っています」

肝臓病や、強い薬を使って肝臓に負担をかけていた故人には黄疸《おうだん》が出る。闘病が長くて、点滴を続けていた故人は、むくみが出ているうえに、点滴針によって体に穴が開いているに等しく、体液が漏れがちだ。また、どんな亡くなり方であっても、死亡してから時間が経てば経つほど、重力の法則で血液が下に沈んでいくので、表皮、真皮（表皮の下の結合組織層）とも青白くなる。死後も髪は伸びると言われるが、皮膚が収縮していくから髪が伸びたように見えるだけ。それほど皮膚は収縮してゆく。死体は決して美しいものではない――。

頭では理解していたつもりだが、その手で扱っている人から聞くと格別のリアルさがある。

友人のお父さんの場合は、闘病が長くはなく、自然死に近かった。肉付きのよい若い人と違って、死臭も少なかった。家族からの際立った要望もなく、口出しする人もいなかった。「スムーズに納棺を行える諸条件が整っていた」という。

扱いづらいケースをあげてもらった。

「白髪の髭は硬くて剃りにくいんです。刃の角度を変えて二度、三度と剃るしかないんですが、肌も弱っていますし、剃り過ぎると傷ついて真皮がむき出しになり、翌日には傷口が乾いて茶色くなってしまうことが、百件中一、二件の確率である。そんなときは翌日にポイントメイクでカバーします。髭を剃ろうとしたら、『やめてください』とご家族にきつく制止されたことがありました。『抗がん剤の投与で、髪の毛がなくなってツルツルになってしまった中で、唯一《ゆいいつ》残っていた毛だから残したい』とおっしゃったんです。以来、自分の考えをよかれと押し付けちゃいけないと肝に銘じています」

口元をふっくらさせ、閉じたことが感動的だったと伝えると、「脱脂綿を適量、お口の中に入れてふっくらさせたんですね」とさらりと答えた後、「でも、適量というのが難しいんです」と補足した。ふっくらさせ加減がその人らしさの要《かなめ》。唇の付近を軽くマッサージすると、自然に口元は閉じるという。口は、上下の歯があってこそぴったり閉まる構造だ。友人のお父さんの場合は歯があったが、歯のない人には、顔全体からその人の歯の高さを想定して、釣り合うように持っていかないと、自然な口元にはならないのだとも教えてくれた。

「最近、火の見櫓《やぐら》から転落されて、亡くなった男性の方がいらっしゃったんです。鉄《てっ》柵《さく》が顔に突き刺さって、割れて、骨が見えてしまう状態でしたが、骨のずれを手で戻せるところまで戻して——ずれの方向によってはありったけの力ずくが必要ですが、この方の場合はそうでもなかったんですね——。肌が裂けた部分を縫い、縫い目を消すために肌にパテを塗りました」

驚くような作業の話が続いた。安齋さんは、復元師でもあったのだ。この道、何年なのか。

「二十歳で何も知らずにこの道に入って、前の会社と合わせて十一年です」

高校卒業後、福島県中央部のアルミサッシの製造工場に勤めたが、担当のラインが中国の工場に移管されることになったため、退職して地元へ帰ってきた。しばらく「遊んでいた」が、大工の父が「働き手を探している会社がある」と聞いてきた。業種も知らないまま面接に行くと、葬儀社の下請けの納棺会社だった。

「棺桶《かんおけ》や鈴《りん》が置いてあったので、場違いなところへ来たと。『すみません、間違えました』と帰ろうかと思いました（笑）。でも、地元で就職先があるだけでもありがたいという時期だったので」

「体験入社」を一週間した。一日目が終わると、「十人中、八、九人は翌日から連絡が取れなくなる」のが常の会社だったが、安齋さんが「大丈夫だった」のは、十八歳のときに亡くなった祖父の死に顔が頭に去来したからだ。

友引と檀那寺《だんなでら》の事情が重なり、祖父の遺体は火葬まで数日を要した。真夏だった。棺の中の祖父の顔はグロテスクに変容し、腐乱臭が漂い、虫も飛んでいた。「触ってあげてください」と促す葬儀社の人たち自身が触りたくない素振りだった。あのときの「おじいちゃん、ごめん」という気持ちを、この仕事について挽回《ばんかい》しよう——。

「仕事だから、怖いとか気持ち悪いとか、私自身は一度も思ったことがない」

教育システムがしっかりしている会社で、納棺の作法も復元の技術もそこで叩《たた》き込まれた。毎月二百体を超える納棺をこなし、経験が力になっていった。ただし、その会社と「メンタル部分」でのずれが生じていき、効率優先の営業姿勢に、五年後「プチンと切れて」辞めた。折しも、下請けとして出入りしていた「たまのや」が納棺の部署を立ち上げる時期で、入社を誘われた。「たまのやは、『故人を大切にする。遺体の尊厳を守る』という大前提がブレない会社なので、頑張っていけています」とのことだった。

友人のお父さんは、安齋さんの手により納棺された後、自宅から車で十分ほどの「たまのや」の葬儀会館に運ばれ、通夜、告別式が営まれた。参列者百三十人ほどの一般葬だった。線香の香りが漂う中、曹洞宗の檀那寺のお坊さんが和讃《わさん》を詠《よ》む。司会進行役は同社の浪岡和幸さん（二九）という、誠実そうな青年だった。

「若いときに兵隊に行き、戦後は教員を務めた生涯、お疲れさまでした……。私たちは、戦前の教育を繰り返し否定していたおじいちゃんの思いを忘れず、震災後の福島で生きていきます」

告別式で、自分も教育畑に進んだという二十代半ばの「孫代表」が弔辞を述べたとき、浪岡さんは進行を急がなかった。少しの間を置いて、参列者に思いをめぐらせる時間をつくった、その空気の読み方も素晴らしかった。

「映画『お葬式』ではなく、『おくりびと』のようなお葬式ができて、よかった」と、後日お兄さんも友人も言った。いいお葬式だった。

だが、と私は思う。当たり前だが、葬儀会館で、棺は祭壇の前に置かれていた。通夜の後や告別式の前に、遺族は時折、棺の中の故人と顔を合わせたし、「故人（＝遺体）と共にある時間」だったに違いない。しかし、葬儀で故人の全体像をビジュアルとして実感できたのは、出棺の直前に棺の蓋を開ける「最後のお別れ」と称される何分間かだけだった。安齋さんが担当した納棺の一時間余りが、実に貴重な時間だったと思えたのだ。

私は安齋さんにそのことを伝え、「遺族のグリーフケア（大きな悲嘆に襲われている人へのケア）に直結するお仕事ですものね」と口にした。すると、しばらく押し黙ってから「いえ」と応《こた》えた。そして、震災時の話に及んだ。

「実は、被災地での納棺が頭に焼き付いていて……」

年配の夫婦から依頼された納棺だ。亡くなったのは、高校を卒業したばかりの十八歳の孫娘だった。

夫婦の娘夫婦（孫娘の両親）も見つかっていなかった。夫婦の希望は「全身の復元」だったが、手に負えるレベルを越えていた。納体袋から出すと、遺体は惨《むご》い状態だった。全身がガスでパンパンに膨張している。胴体にも手足にも顔にも表皮はなく、真皮がむき出しだったそうだ。安齋さんは、自分も泥だらけになりながら、砂や泥を一つひとつ取り除き、濡《ぬ》れタオルでひたすら拭いた。触れるだけでぼろぼろと崩れる箇所も少なくなかった。

夫婦は、孫娘のスナップ写真を出してきた。写真の彼女は、はちきれんばかりの若さだ。指でピース。笑顔。この先に続くはずだった「輝かしい未来」がすべて奪われたのだと、痛感した。安齋さんは「せめてお顔だけは」と、血の塊を取り除き、コーティング剤をかけ、損傷した箇所を直していった。パテで鼻をつくり、頬のふくらみを形成し、渾身《こんしん》の力で復元を重ねたのだという。

三時間以上かかった作業が終わり、彼女に着せたのは、真新しいスーツ。夫婦が「これを着せてやって」と取り出してきた、四月の入社式に着ていくのを楽しみにしていたというものだった。着衣ができたとき、夫婦は「やっと孫に会えた」と、肩を小刻みに震わせ、嗚咽《おえつ》した。

安齋さんは、作業中ずっと張り詰めていた心がほどけた。涙が止めどなく頬を伝ったという。

「私自身も壊れそうでした。グリーフとかグリーフケアとか、簡単に使える言葉じゃない」

安齋さんの言葉は、私の胸につきささった。


「神業だ」


遺体の修復の現場を取材したくて、いくつもの葬儀社に頼んだが、門戸は固かった。しかし、やがて「私たちの仕事の認知につながるなら」と協力者が現われた。「復元納棺師」の肩書きで活動するフリーランスの水野未千佳さん（四六）と木佐貫俊郎さん（三八）だ。「損壊したお顔を元に戻す復元」と「きれいなお顔をよりきれいにする復元」の二パターンあるうちの後者ならと、ある朝、急に都内の某斎場内の霊安室に入室が許された。

その霊安室は、幅三メートル、奥行き十五メートルほどの清潔な空間で、ひんやりしていたが不気味さはなかった。臭《にお》いも感じなかった。片側に飲食店の厨房《ちゅうぼう》にあるような「冷蔵庫」が、上下二段に合計十個並んでいる。水野さんと木佐貫さんが一か所の取っ手を開け、中から一体をストレッチャーにスライドさせ、取り出した。そして、カーテンで仕切った一隅に置いた。

私は、遺体を見て驚きを隠せなかった。血の気が完全に消え失せた青白い顔で、白目をぎょろっとむき、口もだらりと開いていたからだ。近づくと、何とも形容しがたい悪臭がじわじわと漂ってくる。遺体とはこうも変容するものなのか、臭いものなのかと衝撃を受けた。白髪で痩身《そうしん》のおじいさんだった。皮膚に触ると当然冷たいが、かすかな弾力が感じられる。

「触るんだったら手袋付けて。素手は絶対にダメ」と、水野さんの語気強い声が飛んできて、密着型のゴム手袋を手渡される。

「カイセンの危険があるんですよ」

「カイセンって？」

「普通のダニの百倍以上痒《かゆ》いヒゼンダニの感染症。遺体の傷の中にトンネル作って大量発生するんですよ。一人が感染したら、あっという間に大勢にうつるの。前の会社で当直のメンバーにうつり、社員全員がカイセンになるんじゃないかと大騒ぎになったことがあったんだから」

水野さんが慣れた手つきで、おじいさんが着用していた浴衣《ゆかた》の袖《そで》を脱がせながら教えてくれる。

「死後、何日くらいなんでしょうか」

「どうかな、火葬の順番待ちかな。四、五日は経ってるかも。垢《あか》がずいぶんたまっているし、お髭も相当伸びているので、路上生活者の方かもしれないな。あ、ごめんなさい。お葬式の予定が入っているから、路上生活者の方じゃない。おそらく自宅死のヤモメさんなんでしょうが、ルイソウが激しいですね」

依頼は葬儀社から「○時に○○へ。○○家」といつも急に電話で入る。死因や死亡時間などの情報は知らされないという。ルイソウとは「羸痩」と書く。「著しく痩せ衰えた状態」のことだそうだ。

その遺体は、胸に肋骨《ろっこつ》の形が一本ずつくっきり浮かび上がっていた。肉がまったくと言っていいほど付いていないのだ。一番下の肋骨の真下から腹部がお椀《わん》状にえぐれ、緑とも黒ともつかない色に完全に変色し、いわゆる肌色の部分がまったくない状態だ。えぐれているのは胃の中が空っぽだから、変色は内臓がすでに腐敗しているからだという。

手足とも、指の爪と、爪の周辺の皮膚が真っ黒だった。

「女性だったら、きれいな色のマニキュアを塗って黒い爪をカバーしてあげるんだけど、おじいちゃんだし、このままだな、ごめんね」

木佐貫さんが消毒した綿花を使って体を拭《ふ》き始めた。隅々まですこぶる丁寧に。

「体は仏衣を着たら見えませんが、見えないからってこのままにはできないですからね」

見えない、ということは、依頼者の評価対象にならないということだ。私は、密室での作業は手抜きもありかもしれないと思っていたことを恥じた。

傍らで綿花を小さく切っていた水野さんが、「じゃあ今からお顔、直していきますね」と知らせてくれた。

遺体の顔は、頰がこけ、くぼみ切った目がどろんと開いている。

水野さんは、先端に綿花をくるくると巻いたピンセットを右手で持ち、「おじいちゃん、ちょっとごめんね」と言うや否《いな》や、左手の親指と人差し指で右の瞼《まぶた》を少し持ち上げた。瞼の裏側と眼球に少しの空間ができる。「あっ」と思った瞬間、その中に、綿花をはさんだピンセットの先を滑り込ませた。早技だった。ピンセットが出てきたときは綿花が消えていた。

「水分とか付けなくても綿花は入っていくんですね？」

「ええ。粘液があるからくるっと入っていきますよ。歓迎されているみたいに」

「え？　歓迎されてるみたいに？」おうむ返しすると、

「そうよね、おじいちゃん。待っててくれたのよね」と、水野さんは遺体に話しかけた。

手は休めず、綿花の入っている瞼の表面を、右手人差し指の先で軽くつついて、ふくらみを安定させる。次に、目の下の皮膚をつまんで眼球との間に二回にわたって綿花を入れ、指先で目を閉じさせる。そして、まつげにこびりついた目やにを指先で取る。続いて左目にもやはり上、下の順に綿花を滑り込ませ、閉じさせて目やにを取る。

一分もかからないうちに、穏やかに眠っているような目元に大きく変貌《へんぼう》したのである。神業《かみわざ》だ、と感動している暇はなかった。

「次、口いきますね」

上下の唇を大きく開けて、口の中を覗《のぞ》き込む。歯は一本もなく、歯茎はやけにきれいなピンク色だが、ずいぶん嵩《かさ》が低いと感じた。水野さんはプラスチックの容器から釣り糸のような糸を通した太い針を取り出した。

「おじいちゃん、ちょっと痛いの、ごめんね」と言ったかと思うと、上の歯茎、続いて下の歯茎に針をぐいっと指し込んだ。私の心臓の鼓動が速くなった。血は一滴も出ない。上下双方の歯茎から出た糸を結んだ。余分な糸をハサミで切りながら水野さんが言う。

「毎回ではないんですが、この方の場合はこうしないとどうしても口が開いてしまうんですね」

その後、目のときよりもかなり多量の綿花を、微調整しながら三回にわたって、やはりピンセットで口に入れていった。頬の下から顎《あご》の上までふっくらした。そして、指先で左右の口元や頬をつつく。あれほど開いていた上下の唇がくっついた。人の顔は口元と目元でこんなにも変わるのだ。温和な顔になった。

「すごいすごいすごい」

私は単純な褒め言葉を繰り返してしまう。他の言葉がまったく浮かんでこなかったのだ。

「頬の上のこけているところには、皮下注射するともっといいんですが、このごろ薬液が手に入りづらくなって、無理なんですね」

いや、私の目にはもうこれで完璧《かんぺき》に見える。思わず「男前になられましたよ」と遺体に声をかけた。

水野さんは、スプレーしたシェービングクリームを顔の上に綿花で適量ずつ付け、大型のI字形剃刀で髭を剃り始めた。白髪の髭は剃りにくいと先の安齋さんが言っていたが、この人は長さもあり、実に硬そうだ。途中で剃刀を三回換え、耳毛、鼻毛剃りも含め、八分近くかかって顔全体を剃り終えた。

こうして整えられた遺体の顔にオイルを塗り、パレットで色目を調整したファンデーションが重ねられる。私は「男性にお化粧は不要では」と思っていたが、みるみる色艶《いろつや》がよくなっていく様を目の当《ま》たりにし、「ファンデーションは絶対に必要だ」との思いにあっさりと変わった。

頭髪をドライシャンプーし、櫛でとき、さらには美容師がするように逆毛を立てた。

「今日は特別ですか」

「いえ、いつもやりますよ。髪の毛もふさふさするほうが男前でしょ。ね、おじいちゃん」

水野さんが顔と頭のケアを終える頃、同時に作業していた木佐貫さんも全身を隈《くま》なく拭き終えていた。おじいさんは、病院での寝間着だったであろう浴衣を袖だけはずし、まとっている状態だ。局部には綿花を当て、その上に紙オシメをささっとつけ、二人で白い仏衣に着替えさせる。足袋、手甲脚絆《きゃはん》を付け、六文銭と白頭巾《ずきん》を入れた頭《ず》陀袋《だぶくろ》を胸元に収めて棺に入れ、「おじいちゃん、ゆっくりお休みくださいね」と所定の冷蔵庫に戻す。私の見学で通常より十分ほどオーバーしたとのことで、全工程で四十分ほどだった。

「この一連の作業を一人でやるほうが多いんですが、昨日忘年会で木佐貫くんに会ったら今日は手が空いているというので、手伝ってもらったのね」

二人は、以前に勤めていた札幌《さっぽろ》納棺協会という納棺専門会社の「師匠と弟子」の関係だそうだ。その日、車で長距離を移動し、午後に別の喪家《そうけ》での納棺（「お顔を整えさせていただく間だけちょっと失礼しますね」とふすまを閉め、遺族から見えない隣室で行った以外、前述とほぼ同様の工程を、五人の家族を前に行った）、夕刻、前日に木佐貫さんが担当した葬儀会館での「手直し」（時間経過により変色した肌へのメイク）にも付き添わせてもらった後、話を聞かせてほしいと頼んだ。

「外科の看護師さんに、『手術の日は、なぜだかステーキを食べたくなる』って聞いたことあるんですが、お二人もそういう気分になることがありますか」

妙なことを聞いた私に、「わかるわかる、そういう気持ち」と二人は口をそろえ、

「でも、今日はちょっと違うな。しゃぶしゃぶを食べたい気分だな」と木佐貫さんが言って笑った。いったん車を事務所に置きに戻ってから、レストランに入り、ビールを飲みしゃぶしゃぶを食べながら話を聞くことになった。

書きそびれたが、水野さんは女優の原田美枝子を若くしたような顔立ちで、百七十センチの長身。水野さんより背が低く、少しふくよかな体型の木佐貫さんは野球選手の工藤公康似。二人とも「喪服より明るめ」の黒の着衣だ。

水野さんは、二〇〇二年に札幌納棺協会に入社したそうで、復元や納棺の仕事がもう十年以上になる。二〇一一年に「おくり化粧　結華」の屋号をつけて、東京・北区内に事務所を構え独立した。

「私ね、この仕事が天職だと思っています。毎日充実しているんです。月に三日以上休むと体のリズムが狂っちゃうから、それ以上の休みは要らないし」

渋谷の出身で、二十代のときの職業は銀行勤務やゲームのディーラーなど。実家にパラサイトして住んでいた三十代のとき、自立するために寮付きの職業をハローワークで探したら、「旅館の仲居さんか、パチンコ屋店員か、葬儀社の三択」だった。中規模の葬儀社に入社し、お葬式の式典や営業職を経験した。やり甲斐《がい》を感じたが、「宗派の違いなど覚えなきゃならないことが広範囲なうえに祭壇飾りも体力勝負で、当時は女性が少なかった」ために一年余りで退職。でも、「葬儀業界の『遺族の気持ちに寄り添う』という部分には居たくて」札幌から関東に進出したばかりだった札幌納棺協会に転職した。札幌納棺協会が、映画『おくりびと』の納棺師役・本木雅弘に演技指導したことで知られるようになる六年前だ。「亡くなった方を、人として大切にすること」に共感した。

「私はご遺体に触れることに全く抵抗がなかったんですね。なぜって聞かれても、理由なんかない。むしろご遺体に美を極限まで追求する喜びのある仕事に魅力を感じた」

時間がタイトだったその日のお昼は、車の中でコンビニのおにぎりを食べただけで、お腹がすいている。二人のしゃぶしゃぶの食べっぷりも、生ビールの飲みっぷりも、気持ちいいほどだった。そして、軽快に話し続けてくれた。

水野さんは、「師匠」にみっちり教えられ、数か月で一人前になった感覚があったという。一日に通常三～四体、多いと六体の遺体を担当した後、夜も社内で研修を受けた。入社一年ほどで、飲食店で知り合った印刷会社勤務の夫と結婚した。「とても協力的な一般ピープルの夫」で、結婚後は毎日のように後輩を連れて帰り、自宅で夫を「遺体モデル」に練習を積んだそうだ。満を持して独立。小学三年生の一人娘がいる。復元師・納棺師に育てたいと、すでに数回仕事現場に連れて行ったという。

「苦しそうな死に顔だった方がきれいになり、ご遺族が顔を見てお別れできるようになる。お金をもらっているほうが『ありがとう』と言ってもらえる仕事って、そんなにないでしょう?」

　片や、木佐貫さんは鹿児島県の出身。技術職・営業職として勤務した機械部品製造メーカーが倒産し、三十歳で転職したという。中国・大連の工場に赴任し、重要なポジションについていたのに、社内だけで通用する仕事はつぶしが利《き》かないと身を以《もっ》て知った。「食いっぱぐれのない専門職」と頭に置いてハローワーク通いするうち、「葬祭ディレクター」の存在を知る。「札幌納棺協会に、葬儀社と勘違いして行った」と笑う。

「僕は怖がりで、お化け屋敷も無理なほどです。最初ご遺体を見たときは怖くて怖くて、『あり得ない』と身震いしたんですが、水野さんがテキパキ働く姿に『やられた』って。半年もすると、『男、一生の仕事だ』といっぱしに思うようになっていましたね」

　木佐貫さんは、自分は今も怖がりだという。一人で作業中、遺体に「やたら話しかける」ことによって、恐さを克服しているのだそうだ。「こんにちは。木佐貫です」と挨拶《あいさつ》し、「おいくつですか」「お仕事は何をされていたんですか」「ご家族は?」「ご趣味は?」「楽しい人生だったですよね」「ご闘病は長かったんですか」「点滴、たいへんでしたね」……。

すよ」

「うまく言えませんが、亡くなられた後も『人』であることに変わりないと思うんで

木佐貫さんは五年のキャリアを積んで、二〇一三年の春、「メイク天翔」という屋号で独立したばかりだ。葬儀社のみならず企業の福利厚生部門からも「終活」の一環としての契約を取っている。復元・納棺の請け合い件数が、すでにひと月十四、五件というから、順調な滑り出しだ。

そんな話を聞きつつも、私の脳裏には、斎場の霊安室で見せてもらった遺体の顔の復元をする強烈なシーンが焼き付いている。やはり「すごい」仕事だ。

「これまでで一番印象に残るケースは？」と聞くと、木佐貫さんはすぐさま携帯電話を取り出して、「この方ですね」と写真を見せてくれた。個人情報保護の観点から遺体の写真は通常撮らないが、遺族の了解を得て資料用に撮ったものだそうだ。

「喉頭《こうとう》がんだった方で、お鼻がつぶれていたんですね」

無惨《むざん》にも、鼻があるべき場所に肉の塊がかろうじて残っているといった状態だ。

「こう復元しました」と見せられたもう一枚の写真では、きれいに鼻が整っている。元気だった頃の写真を参考に、ピンのようなもので高さをつくり、パテなどで肉盛りし、造形したという。以前に、ＩＦＳＡ（一般社団法人日本遺体衛生保全協会）で見せ

てもらったエンバーマーによる復元の写真に引けをとらない。

「ご家族の大切な人とのお別れの印象が、相当変わってくると思います」

「エンバーマーの資格を取ろうとは思いませんか？」と聞くと、二人は首を横に振った。

水野さんは、前の会社でエンバーマーのアシスタントをしていた経験もある。エンバーマーの養成学校への入学を考えた時期もあったが、費用と家庭事情から断念したそうだ。木佐貫さんは、「エンバーミングは最高の納棺術だと思います。でも、遺体にだけ向き合うより、遺族と一緒に遺体に向き合うほうが、僕のキャラに合っているので。井上さん、僕の施行をまだ見てないでしょう？」と、「復元技術を持った納棺師」としての誇りを覗かせた。

この仕事を続ける覚悟

そのしばらく後、木佐貫さん単独の現場に立ち会わせてもらった。場所は豊島区内の寺院。午後六時からの通夜《つや》に先立ち、「メイクと納棺」を依頼されているという日だった。

黒いデニム地の大きな鞄《かばん》を四つ、軽バンから降ろし、木佐貫さんが向かった本堂には祭壇がすでに設営され、六十脚ほどの椅子《いす》も並べられていた。中央にストレッチャーがあり、遺体が白いシーツに覆《おお》われて載っていた。

「五日前に、葬儀社から『〇月〇日、午後四時』とオーダーが入ったんですね。たぶん五日間冷蔵庫にお入りになっていたんでしょう」

遺体は、小さなおばあさんだった。祭壇の遺影は、おそらく相当前のものだ。髪もふさふさして、顔もふっくらしているが、遺体の顔に覆われていた白い布を上げると、そのような面影は皆無だった。血の気が失せて抜けるように白い顔は、頬骨がくっきりわかるほど痩せこけ、皺《しわ》だらけだ。白目を見開き、口も開き、目元、口元は窪《くぼ》みきっていた。体重は三十キロを切っていそうで、白地に紺色の朝顔が描かれた真新しい浴衣を着ているが、腰紐《こしひも》を巻いたウエスト部分など、私の開いた手のひらくらいの幅しかなかった。

木佐貫さんはおばあさんに深く一礼し、手を合わせる。腕には数珠《じゅず》とパワーストーンのブレスレットが光っていた。

「この人ね。私より先に逝《い》くとは思ってなかったと思うんだ。がんで入院してたんだけど」

八十年配の小柄なおじいさんが近寄り、話しかけてきた。

「でも、安らかなお顔をされていますね」

木佐貫さんはにこにこと言葉を返す。リップサービスであろうが、言われて悪い気はしないだろう。「ご安心ください。より安らかになられるように、お手伝いさせていただきますね」

メイクと納棺の前に、今からお顔の手直しをささっとやると木佐貫さんが私に耳打ちする。九人の遺族が、三々五々控え室から出てきて、椅子に座ったり、立ち話をしたりしているが、特にこちらに注目する人はいない。故人とおじいさんの曾孫《ひまご》という二歳と一歳の女の子を、皆で相手している。故人の顔に掛けられた白布を斜めに半開きにして、木佐貫さんの作業が始まった。

最初に目だ。瞼を少し持ち上げ、先の尖っていないピンセットではさんだ一センチ四方くらいの薄い綿花を、瞼と眼球の間に入れる。水野さんのこの作業を初めて見たときは、一瞬の早技で、滑り込むように目の中に入っていったとしかわからなかった。今回、私に少しは気持ちの余裕がある。

「こうやってね。目の下側にちょっと入れて、眼球の表面に沿って、上側にもね」

一片の綿花の半分を、開いた眼球の下側に入れ、眼球の表面を覆うように、上半分を眼球の上側に延ばす。そうしてから、さらに瞼と目元にそれぞれもう一片の綿花を滑り込ませたのだった。瞬《また》く間に窪みが消えた。その後、周りの皮膚を指先で押したりつまんだりしてふくらみを調整し、目を閉じさせた。

「ほんとは眼底に注射したいところ。眼底から粘膜に薬液が浸透すると、ものすごく自然に目が閉じていくんですけどね」

続いて、口、鼻の順に、綿花を詰める。単に穴に押し入れるのではなく、ピンセットをくるくると回しながら入れていることに気づいた。「注意深くやらないと、傷ついちゃうんですよ」。そのコツを「口の中は先に歯の形を綿花で作り、こめかみの方向に向けてほうれい線のラインまで、鼻の穴は下向きに」などと、やはり耳打ちしてくれる。慣れた手つきだ。だが、木佐貫さんの耳元の髪の生《は》え際《ぎわ》には、じりじりと汗がにじんでいた。

口元もずいぶんふっくらした。指先で閉じさせる。ところが、少しするとじわじわと開いてくる。「歯茎、縫わないんですか」と聞いた。

「この場では無理ですね。ご遺族の心情を考えると。ほんとはこういうこともしたくないんだけど」とつぶやいて、鞄から取り出したものを手のひらの中で見えないようにして口元に持っていった。真横にいた私にも、何を使ってどんな作業をしたのか、まったくわからなかった。アロンアルファで上下の唇をくっつけたのだと後で知った。目、口、鼻に「含み綿」が施され、一回り大きくなったおばあさんの顔には、それでも目の下や顎に深い皺がある。木佐貫さんは、その皺を指先でマッサージする。

「あ、皺が消えた」

見間違いかと目を皿のようにして再度見たが、不思議なことに皺が消えていた。

一連の作業を、木佐貫さんは素手で行っていた。感染防止のために必ずゴム手袋を着用するのではなかったか。

「ご家族がいらっしゃるから、ここではやっぱり無理でしょ。その代わりに（作業の）都度都度に、洗面器に手をつけていましたよ」

ストレッチャーの下に消毒液を入れた洗面器を置き、たびたび手を浸していたのだという。私は気づかなかった。

「はい、どうぞ皆様、お集まりください」

遅れていたあと二人の親族が到着するのを待って、木佐貫さんは少し大きな声を発した。笑みをたたえながら、「申し遅れました。納棺師の木佐貫と申します。ただ今からお化粧と納棺をさせていただきますね」と言う。

私がそれまでに見たのは、厳かな納棺ばかりだった。木佐貫さんのフランクな〝手法〟に驚かされた。

「旅支度というのが必要だと聞き覚えがある方もいらっしゃると思いますが、こちらの浄土真宗ではお唱えするだけでご成仏《じょうぶつ》されると伝えられていますから、特に必要ないんですね。富士登山と一緒で、山道は宗派によっていくつもあっても、山頂は一つとお考えください。他の宗派のようにお着替えはありませんので、お持ちいただいたお洋服をおばあさまにおかけしましょうね。

ご納棺は、元はご家族でされていたのを、今では難しいので、私どもがお手伝いさせていただくんですね。皆さん、お化粧は別にしなくていいのにと思われるかもしれませんが、おばあさまが仏様に会われるときの身だしなみとお考えください」

宗派の特徴をざっくり案内し、納棺師の意義をさりげなくアピールした。痒いところに手が届く口上だ。その後、顔面にクリームを塗り、「お顔の剃刀をはじめさせていただきます」と作業に入った。

すでに場の空気がなごんでいる。

「死んでも髭や髪は伸びるんですかね」

「おばあちゃん、お化粧あんまりしなかったから、ナチュラルメイクをお願いします」

などと、質問や希望が口々に出る。

先の質問には「原因はわかってないんです。生きている間、表情筋で保っていたお肌が、亡くなると緊張がなくなり、重力で下に下がるので、毛の根っこが出てくると仮説されています」と答える。化粧の希望には、濃淡六種類のファンデーションが並んだパレットを見せ、「おばあさまの肌色に近いのはどれでしょうか」と家族に選ばせ、じゃあこの色から混ぜていきますね」と応じる。「遺影では右分けされていますね」と髪の毛の分け目を確認し、ドライシャンプーした後、遺影そっくりに前髪が額にかかるようにウェーブした前髪をおろして整えていく。

詰め物とメイクと髪型で、おばあさんは見違えるようにふっくらした。体の大きさは変わっていないのに、その存在が大きくなったように感じられた。

最後に、閉じた目の際にアイラインを引く。顔立ちがぐんとはっきりした。「わ〜、おばあちゃん、生まれて初めてのアイライン。美人になったね〜」と三十歳くらいの女性の孫が明るい声を出した。

遺族が水を含んだ脱脂綿で故人の手や足を拭くときは、「皆さん、ひと言ふた言、心の中で声をかけてあげてください。その際に、悲しい、残る、の二つの言葉は避けてさしあげてくださいね」。納棺を終え、浴衣の上に、故人が愛用したブラウスとカーディガン、スカートを置きながら「本人がいないから、どれを選んだらいいのかよくわからなかった」と言った子息に、「それはね、皆さんがチョイスしているようで、お母さまの声が届いて、お母さまがチョイスされたんですよ」。

ポイントをついた巧みな話術で〝客〟を楽しませ、気分よくさせる。まるで啖呵売《たんかばい》のようだ、と思った。合計きっかり一時間で終えて木佐貫さんが去るとき、二歳の曾孫が「バイバイ、またね」と手を振り、「またねはナシね」と木佐貫さんが応じて笑いがおきた。

「僕のオリジナルのやり方です。好き嫌いがあるから、くどいって言われることもあるけど、気に入ってくれる方にはとことん気に入られます。前の会社にいたとき、故人様から指名が入って、びっくりしたこともあったんですよ。『主人のときの納棺師さんに頼んで』と遺言書に書いてあったそうで、リピーターでした。めちゃめちゃうれしかったですよ。その人や今日の人のようにある意味大往生だと、弁も立つってものなんですが……」

その日、前日に担当した遺体に変化がないかどうか、これから郊外の火葬場の霊安室に見に行くと、木佐貫さんが言う。山奥で発見された、九日前に車の中で一酸化炭素中毒自殺をした三十代の男性で、自殺現場が遠方だったうえに諸事情が重なり、おそらく常温で安置されていた遺体だそうだ。

「ご家族から『顔を見られるようにして欲しい』という要望が入って、昨日、一時間半くらいかかってなんとかモザイク状に見られるように復元しました。井上さん、取材したいと言っていたから、昨日連絡しようかと思ったけど、発狂しちゃうかもと思い直してやめたんです」

　モザイク状とは、損傷が激しいため、透明のビニールの納体袋を二重にして入れてから納棺し、棺の窓から覗くと顔にモザイクがかかったように見える、という意味だった。発狂の二文字に少し身がすくんだが、同行させてもらった。

　その火葬場の霊安室も、以前に入った都内の火葬場のそれと同様、厳重に施錠された空間で、十台の冷蔵庫が並んでいた。冷蔵庫の表面に、「故○○○様　△△△社取扱」とマジックで走り書きした紙が張ってある。

「井上さん、見て本当に大丈夫かな」と、冷蔵庫を開ける前に木佐貫さんが念を押し、取り出した棺の窓から見えたのは、非常に濃い小豆色の人の顔だった。私はかろうじて大丈夫だったが、とっさに「まるで黒人だ」と思った。肌のどこにも淡い橙色《だいだいいろ》はなく、顔全体が濃い小豆色で、それは阪急電車の車両の色よりも濃かった。先に立ち会わせてもらった羸痩の激しいおじいさんの、緑のような黒のような色とも比べ物にならない。

「ぎりぎりお別れできる状態でしょう?」

と、いつもにこにこしている木佐貫さんが、悲愴《ひそう》な面持ちで言うのに頷く。

モザイクがかかったようなのは、棺の窓と、納体袋を二重に通しているからだけではなかった。ビニール製の納体袋の内側にいくつもの気泡がついていたのだ。私は一瞬、「息をしている?」と思った。しかも、耳を凝らすと、プチプチという音がかすかに聞こえる。

「気泡と音? 皮膚から体液が出てビニール面に当たっているのでしょう。あるいは、ドライアイスから二酸化炭素が出ているのかも」

木佐貫さんは復元前の状態を教えてくれた。

発見されたのは死後四日目だから、おそらくすでに腐敗が進んでいた。自殺遺体は検視が入り、解剖される。解剖する病院に運ばれる際に遺体が何かに擦《こす》れて皮膚がめくれ始め、解剖で服を脱がすときや洗体するときにズルッとめくれたと思われる。木佐貫さんが対面した昨日は、遺族の都合でさらに五日間自宅に放置され、かなりの腐敗が進んだ後だった。

「色はご覧のとおりで、顔も体も表皮の下の真皮が出ていて、ジュクジュク。全身が水っぽい感じで、所々に虫の卵が湧《わ》いていましたね」

　重力で、部位も血液も下に下がる。

「顔は右目が完全に陥没していました。普通、目をつむっても眼球のふくらみがあるでしょう？　それすらまったくなく、ジュクジュクの真皮状態だから、まつげも毛根が立つことができない。鼻らしきものは軟骨が出ていて、肉の部分を立てようとしても横に崩れる。口も唇もグチュグチュ。言葉は悪いですが、お化けのようだった……」

　腐敗臭もすごい。まず全身に消臭薬を吹きかけてから作業に入った。陥没した眼球を上に上げ、眼球の下に綿花を詰める。鼻や口も頬も綿花で造形し、真皮の下に嵩をつくる。左右の耳から頭の上に半円を描くように頭蓋骨《ずがいこつ》を切り、粗く縫い合わされた頭の解剖痕《こん》も、細かく縫い直す――。なんとか「顔らしき形」にできたが、その間も、そして今も真皮からの水分は出続けている。

「僕、怖がりと言ったでしょ？　……怖いから、全力を出すんですよ」

　あれほど弁のたつ木佐貫さんが、ここでは訥々《とつとつ》と喋《しゃべ》る。

「でないと、化けて出られると思うとか？」

　私の稚拙な問いに、木佐貫さんは肯定も否定もしなかった。

「この人は、自死したらこういう状態になることを知らなかったんでしょうよね？」と、私は質問を変える。

「追いつめられて、周りが見えなくなるから自死するんだと思う……。死にたいという人に、僕は、その前にちょっとでもヨコを見てくださいと言いたいんです……。あなたがこんなになっても、お顔を見たいというご遺族がいる。あなたをなんとかしてさしあげたいと必死になる僕みたいなのもいる。ちょっとヨコを見ることができたら……、一人じゃないんだって思えて、踏み留まれると思うんですよね」

と、やはり切れ切れに口にした。

帰路の車中で、木佐貫さんは「思い出したくないんですが」と言いつつも、東日本大震災の直後に、前の会社から被災地に派遣されたときの話を聞かせてくれた。

遺体安置所になっていた宮城県名取市のボウリング場に入った。何十もあるレーンの上に隙間《すきま》なく置かれた棺。身内を探しにくる人たち。四六時中、すすり泣きが渦巻く。「戦争が終わった後って、こんなだったのか」と思った。

「衝撃なんてものじゃなかった。棺の中も泥だらけで、全身がつながっているご遺体はほとんどない。欠損していたり、砂が皮膚に入り込んでいたり。木の枝とか鉄の棒とかが突き刺さったままのご遺体もあった。無惨な姿ばかり。それに、重油の臭いなのか海水の臭いなのか。人の臭いじゃない、例えようのない強烈な悪臭。もう、どろどろ。ご遺族が次々と着の身着のままでお身内を探しに来られるんですが、見つかるのは稀《まれ》。身元不明の遺体は『仮安置』ということで土葬に回される、その直前のご遺体も少なくなかった……」

　棺の中で遺体を横向きにして泥を吐かせたが、拭いても拭いてもきれいにならなかった。シートを交換する。そして、ドライアイスを代える。二週間、寝る時間も惜しんで、ひたすらその作業を繰り返した。「二日目のことを、今もリアルに思い出す」と木佐貫さんは辛《つら》そうな声色をしぼり出した。

　五十代くらいのお父さんと三十代くらいの娘さんが「お母さん」を見つけた場に居合わせ、思わず、「僕に処置させてください」と口をついて出た。せめて泥を拭いてあげたい。顔を見られる状態にしてあげたかったからだ。

「棺の蓋を開けると、ご遺体の口からいきなり泥が噴射したんです。重油も体液も混ざった泥。遺体に充満していた腐敗ガスが、泥と混じり合って噴き出したんだと思います。その瞬間、僕、ご遺体に覆い被《かぶ》さっていました」

　木佐貫さんは、覆い被さったことを「遺体を僕が守ると思ったような、その姿を見せて遺族をこれ以上苦しめたくないと思ったような、説明がつかない衝動だった」と言ってから、「いや、違う。これしかできなくてごめんなさい、みたいな気持ちだったような気もする」と漏らした。

出来る限りの泥を全身から取り除き、真新しい棺布団（掛け布団）を掛けて、遺族に引き渡したが、遺族にかける言葉がひと言も見つからなかったという。

「オレは弁の立ついっぱしの納棺師だと天狗《てんぐ》になっていた――と、鼻をへし折られました。あの場で、詰め物ができても、復元ができても、弁が立っても、何の役にも立たない。自分はなんて無力なんだろうと思った。でもオレは生きてる人間だとも思って、この仕事を続ける覚悟ができたんです。あのときにオレの力できれいにできなかった故人さんに失礼にならないように、これからお会いする故人さんにお返ししなきゃいけない。オレ、絶対に一二〇パーセントの力を出して、故人さんを幸せにするぞと」

郊外の火葬場から、都心に戻るまで一時間半かかった。その間に、翌日のオーダーが二件、入ってきていた。別れ際に木佐貫さんは、「被災地での体験がなかったら、自分の仕事を語ろうとは思わなかっただろうな」と言った。

第四章　エンバーマーたち

繰り返すが、復元師たちが遺体を美しく整える手元を見て、神業だと思った。緑色に、あるいは黒や黄色に変色した、死んだ人の皮膚を「肌色」にし、だらんと開いた目や口を閉じさせる。私の目には「死体」でしかなかった故人の顔を、短時間で「遺体」に変えるミラクルな技だ。

彼らを取材するうちに、私はエンバーマーのことが改めて気になり出した。第一章に記したとおり、エンバーマーとは、ホルマリンを含む薬液を使って遺体に防腐処置など（エンバーミング）を行う資格保有者である。葬儀社のホームページ記載のように、やわらかく言うと「遺体を生前の元気だった頃の姿に近づける科学的な防腐技術」の保持者だが、納棺、湯灌《ゆかん》、復元を行うのとはずいぶん違う。

遺体にメスも入れる。復元師の木佐貫さんが「エンバーミングは最高の納棺術」と言ったことも記憶に新しい。顔のみならず生身の体全体に技を施すエンバーマーは、復元師以上に遺体との〝距離〟が精神的にも近い職業であろうと思えると共に、多額の授業料を払って専門学校に行き、試験も受けて取得した資格職だから、プロ意識がより高い人たちなのではないかと思える。

これも先に書いたが、エンバーミングは、南北戦争（一八六一〜六五年）で亡《な》くなった兵士の遺体を、遺族の元に長距離搬送する必要性から行われるようになったもので、アメリカ発祥の技術だ。

日本で最初にエンバーミングに触れた本は、松本清張が一九五八年に発表した短編小説『黒地の絵』ではないだろうか。朝鮮戦争（一九五〇〜五三年）の前線で死亡した多数の米兵の死体が冷凍の状態で朝鮮半島から潜水艦に乗せられて福岡・門司の岸壁に着き、軍用トラックで小倉キャンプの倉庫の冷凍室に運ばれる。そこから死体処理室へと「屍《しかばね》」をかつぐ作業員となる男が主人公で、社会の歪《ひず》みや不条理、奥底に潜む無念な胸懐が心に残る物語だが、アメリカ人軍医によって「死体処置」される様子がこう描かれている。

〈軍医はメスで切り開き、腐敗を助長する臓器をとり出した。（中略）臓器を取りのぞいた空洞には、これ以上の荒廃が来ないように防腐剤の粉末が詰められた。それから股《また》をひろげ、胯《こ》動脈にホルマリン溶液にまぜた昇汞水《しょうこうすい》が注射された。上部に吊《つ》られたイルリガートルには透明な淡紅色の液体がみたされ、それが管を伝わって死体の皮膚の下に注がれた。すると、青白い死人の顔はやがて美しいうす赤の生色によみがえるのである。容器の液体がへるにつれ、（中略）それだけ死者はしだいに生を注入された。赤味のさしてきた頰には、さらに桃色のクリームが塗られ、顔面は寝息でも立てているようにいきいきとして艶《つや》を出した〉

施術者が軍医なので臓器を取り除いてもいるが、これはまさにエンバーミングで、松本清張は「死体処置」と訳したのだ。事実に基づいた物語だと想像に難くない。朝鮮戦争の間中、アメリカ兵士の遺体は日本で、いわく「生を注入された」後に、本国の遺族の元に搬送されていたということだ。

「エンバーミングは、解剖学の遺体保全技術が葬儀に応用されて、変化して出来た技術です」と言うのは、先に紹介した『葬儀概論』の著者で葬送ジャーナリストの碑文谷創さん（六六）である。

「死亡後の痩《や》せ衰え、苦痛に満ちた表情、あるいはケガの強い印象を和らげるため、死者と対面しての別れが重要視される北米で、一般のお葬式に普及しました」

アメリカでは最大九五パーセントの遺体に処置された年もあり、国内で「遺体をエンバーミングすることが法的に定められている」と誤解を生むほどだったらしい。現在のフューネラルロー（葬儀に関する法律）では「エンバーミングは法律的に義務づけられていないことを、フューネラルディレクターは遺族に事前説明する」ように定められているという。

一般社団法人日本遺体衛生保全協会（ＩＦＳＡ）の二十周年記念誌『ＩＦＳＡの20年』によると、日本では、ミシガン州ウエイン大学でエンバーミング技術を習得した川崎医科大学の池田章教授（解剖学／現在は名誉教授）が一九七四年に帰国し、解剖学に用いる遺体にエンバーミングを行い、これを広めた。目的は、感染症で亡くなった遺体を、医師が罹患《りかん》する心配なく病理解剖するためだった。

葬儀社がエンバーミングを始めたのは、一九八八年三月のアルファクラブ武蔵野《むさしの》（埼玉県さいたま市）が最初だ。その二年前に同社の役員たちが南カリフォルニアの葬儀社を視察し、エンバーミングに出合って興味を持ち、日本にこの技術を持ち帰りたいと思った。再訪し、現地の新聞に「エンバーマー募集」の広告を出し、三人のアメリカ人エンバーマーを採用したのだという。当然ながら、日本にはエンバーミングに関わる法律も規則も条例もない。彼らは、カリフォルニア州やアメリカの業界団体の規制を元に、自主的な規制策を設けた。

同じ頃、アメリカでエンバーミングを学び、州のライセンスを取得して、現地で働いた後に帰国した日本人エンバーマーもいた。アルファクラブ武蔵野に続き、数社の葬儀社がアメリカ人やカナダ人のエンバーマーを招聘《しょうへい》し、エンバーミングを行い始めた。

そのような状況の中、池田教授をはじめ法医学、病理学、内科の医師や弁護士、死生学者及び前述の碑文谷さんの七人により、九三年、「自主基準研究会」が設けられた。この研究会で、死体損壊等罪に抵触しないかといった法律の解釈や、エンバーミングを行う施設の安全基準などの検討が進んだ。

「当初は外国人エンバーマー一人に通訳を一人ずつつけるなど、苦心して意思疎《そ》通《つう》をはかって葬儀社でエンバーミングが行われました。外国人エンバーミング技術は素晴らしいものでしたが、鼻がつんと高いほうがいいとか、油分が強い化粧品を使って、言い方は悪いのですが蠟《ろう》人形のようにするとか、日本人とセンスの差が免れませんでした。外国人エンバーマーの多くは、日本のエンバーミング黎明《れいめい》期の役割を終えて帰国し、今は日本人エンバーマーが主流の時代になっています」

と、ＩＦＳＡ事務局長の加藤裕二さんは言う。ＩＦＳＡは、先の「自主基準研究会」が拡大し、九四年に改称した団体だ。エンバーミングは、薬液を使用する「保全」を主に指すが、顔の「修復措置」（復元師の言う「復元」）も含まれる。「二親等以内の親族から承諾のサインをもらう」「体液等を医療廃棄物として出す」「環境に配慮する」など細かな自主基準が設けられた。

エンバーマーの資格は、海外で学んだ人など一部の例外を除くと、第一章に記した日本ヒューマンセレモニー専門学校エンバーマーコースで半年の座学と一年半の実技を学んで卒業し、ＩＦＳＡによる学科と実技の試験に合格した者しか取得できず（かつては公益社フューネラルサイエンスカレッジなど他校もあった）、難易度が高い。ちなみに、学科試験は、次のようなものだ。

・遺体衛生保全の理論
・解剖学
・病理学及び細菌学
・公衆衛生学
・薬品に関する知識
・修復技術

・葬送に関する知識
・自主基準及びＩＦＳＡの定める諸規定、関連法規

二〇一四年現在、ＩＦＳＡ認定資格を持つ百五十七人のエンバーマーがいる。そのうち稼働《かどう》しているのは約百人だ。有資格者数と稼働者に開きが大きいのは、二年毎《ごと》の更新が必要で、いったん現役から離れた後に復職するには、ＩＦＳＡによる試験が課せられているからである。

私はそのような知識を得て、改めて、エンバーマーに話を聞きたくなった。技術の詳細も知りたい。

血液を薬液に交換する

「同じ転職するなら、ありきたりじゃなく珍しい職業がいい。しかも、人の役に立ち、これから伸びる業界にいこうと思ったんです」

なぜエンバーマーに？　の問いに、稲部雅宏さんはこう答えた。第一章で少し紹介したが、神奈川県平塚市の葬儀社、サン・ライフのエンバーミング事業部の一員。

「鎖骨のすぐ下をメスで小切開し、そこから管で動脈に調合液を注入していきます。その圧力で静脈から血液が押し出されるんですね……」と、エンバーミングの説明をしてくれた、キャリア六年のエンバーマーである。

すらっと長身で、目元が涼しく、俗な言い方をすれば男前。こちらの目をじっと見つめて話す人だ。

「二十五歳のとき、勤めていた美容室が定期購読していた『アエラ』か『ニューズウィーク』のページをぱらぱらめくると、特殊メイクっぽい写真が載っていました。それが日本ヒューマンセレモニー専門学校エンバーマーコース一期生の授業の紹介記事だったんです。休日に特殊メイクのスクールに通っていたので、目にとまったんだと思います」

出身は福島県。美容師になったのは、中学生の頃から無類の「洋服好き」だったのと重なる部分があるが、「強く志望したというより、とにかく東京に行きたかったから」という。長時間営業の美容室に勤め、いち早く〝時間帯責任者〟に抜擢《ばってき》されていたものの、「独立か転職か」と悶々《もんもん》とする中、特殊メイクのスクールに通っていたのだ。ハリウッド仕込みの講師に、映画『猿の惑星』の猿のようなお面や等身大の女性の3D作りを学び、興味はつきなかった。

「あわよくば、転職したい」との気持ちがなくはなかったが、「特殊メイクで生計を立てている人は日本に皆無」だったという。

「ところが、その記事を読んだら、特殊メイクじゃなくて、遺体に対して何やらするって（笑）。エンバーミングという言葉も初めて知り、どういうことなんだろうと興味を持ったんです。例えばパーティーに行く人を美容師はきれいにするわけだから、葬儀も一つのイベントだと考えると、すっぴんで主役を張るのはないな。人生最後のイベントをきれいなお顔で迎えるために、というのは理にかなっているなと思いました」

そもそも、人間の体は不思議だと思っていた。小さい頃から「胃酸を出しているのに、胃はなぜ溶けないのだろう」「肝臓機能を人工的に作ろうとすれば、巨大な工場が必要らしいのに、小さな人の体にフル完備されているんだ」などと、ふと思ったりしていたことが根っこにあった。

美容院を辞めて、日本政策金融公庫の教育ローンを申し込み、日本ヒューマンセレモニー専門学校に入学する段では、「一生の仕事にする」と見通しを立てるまでになっていた。「珍しい」「役立つ」「伸びる」の希望要件を満たす職業だと確信が持てたからだ。微生物学などの座学はいずれも「好きな方向」の勉強だった。

「解剖学の授業の一環で、医学生が行う献体の解剖を見学したとき、臓器をはずされていく遺体はもう人間ではないように思えたんです。標本のような感じに思えた……。ところが、『これからエンバーミングします』というご遺体を初めて目にしたとき、生身の人の体そのものだと思った。『自分はとうとうこっちの世界にきたんだ』としみじみしました」

「こっちの世界って？」と聞くと、稲部さんは「うまく言葉にできないな」と長く考え込んでから、「生身の体にメスを入れる側」と言い、さらに考えてから「ご遺体に手を合わせ、『担当の稲部です。よろしくお願いします』と心のご挨拶《あいさつ》をしてからご遺体に向かう世界」と続けた。

稲部さんは、社内の措置室で、午前と午後、合計二体に「処置」をする毎日だという。その手順を説明してくれた。

遺体は、葬儀社の営業スタッフによってストレッチャーで処置室に運ばれてくる。「死亡診断書」と、遺族の要望が記された依頼書、そしてときには遺族から提供された写真も見ながら、これから行う処置方法を頭の中で決めていく。

まず全身を水で洗い、髪を洗い、顔を整える。そして、数種の薬液を調合する。鎖骨の下の部分、「生きている人なら、手を当てるとドックドックとする箇所」にメスを入れて二センチほど切開する。切開の深さはわずかで、皮膚とその下の組織だそうだ。その中から動脈を露出させ、金属製で筒状の「キャニュラ」と呼ぶ道具を刺して、ホルマリン液などを二、三パーセントに水で薄めた薬液を注入していく。

「人間の体の中に流れている血液って、およそ四、五リットルなんですね。血液は肝臓や心臓や胃など臓器の中にも入っているので、全《すべ》てを抜くことは難しいんですが、動脈から薬液を入れていき、その圧力で押し出し式で入れ換えるんです。六リットルから八リットルの薬液を入れ、血液の六〇〜七〇パーセントが交換される形です」

エンバーミング施術は、一体平均三時間。「その間、ご遺体と一緒にいるんだという妙な連帯感がある」という。

「ご遺体が言葉を出せない分、僕が意を汲《く》み取ってあげなければ、みたいな気持ち、ありますね。薬液がちゃんと体の隅々まで回るとお顔色がぐっと変わり、張りも出ます。もっとも、動脈が細い、血栓ができているなどの理由で、薬液が全身にきれいに回ってくれない人もいるんです。足に回らないなとわかると、薬液をもう一か所、鼠《そ》蹊《けい》部《ぶ》から入れさせていただきます」

小切開した部分は丁寧に縫合する。胸水や腹水がたまっている人には、その箇所にチューブのついた大きな針「トロッカー」を差し込み、抜く。白装束あるいは遺族が持ち込んだ洋服に「お着替え」をさせ、顔の修復に入る。下がった瞼《まぶた》、眼球を持ち上げるために「アイキャップ」というコンタクトレンズのようなものを装着させることや、歯茎を縫い合わせることもある。最後に顔に化粧を施し、ヘアースタイルを整える。

「美容師の先輩に『お客さんのことを思えば、必ず形になる』と教えられたんです。くせ毛だとか髪質が悪いことを言い訳にしちゃいけない。『なんとしてもきれいにさせる』と強く思って挑めば、細かなところにも気がつき、必ずや希望の形にしてさしあげられると言われていました。エンバーミングもそれと同じだと思います」

稲部さんは、美容師だった五年間は長かったが、エンバーマーになってからの六年間はあっと言う間だったと言った。

遺体の変化とエンバーミングを文系の頭にもわかるように教えてほしい、できればその現場を見せてほしいと、もう一人取材をお願いしたのは公益社（本社＝大阪、東京）の東京エンバーミングセンター長兼大阪エンバーミングセンター長の宇屋貴さん（三七）だ。日本ヒューマンセレモニー専門学校エンバーマーコースよりも一年半早く、二〇〇三年秋に開校した公益社フューネラルサイエンスカレッジ（大阪＝後に休校）の一期生で、〇五年九月に資格を取得した、国内で学んだエンバーマーの草分けの一人だ。

最初はちょっと硬かった。「こういうことを言って、遺体を汚いとか怖いとか、ひいては葬儀業界への偏見を煽《あお》ることになっては困るんですが」と牽制球《けんせいきゅう》を投げてから、「でも、正しい知識を持ってもらうことは大切だと思うので」と説明を始めてくれた。

「亡くなった瞬間から、バクテリアや細菌などが繁殖する条件が整うんです。そのまま放置しておくと、翌日にはトリメチルアミンや硫化水素の作用によって、腐った玉ねぎや卵が入り交じったような臭《にお》いと、アンモニア臭が発生するのが自然なんです」

人の体は細胞が集まってできている。細胞は七〇パーセントが水分で、次に多いのが蛋白質《たんぱくしつ》で二〇パーセント。筋肉、内臓、皮膚、髪などほとんどの臓器に蛋白質が存在する。蛋白質は「無数のアミノ酸が鎖でつながっている」が、生命を維持する必要がなくなると、自然に鎖が一つひとつはずれていく。バクテリア等もそれを助長する。

そのため、「徐々にアミノ酸の鎖がちぎれていき、気化する」。固体のときに無臭だったものが、気化するや否《いな》や悪臭に変わる。いったん崩れたアミノ酸の鎖は二度と戻らない。「生卵をゆで卵にした後、生卵に戻すことができない」のと同じ原理だそうだ。

「そうならないために、体の中の蛋白質を固定し、まだ繋《つな》がっているアミノ酸の鎖の力を強めるのが、エンバーミングの薬液の効果です。防腐、殺菌、修復の三つの効果ですね」

動脈から注入された薬液は、血管を介して全身に行き届く。毛細血管にまで浸透する。それは、蛋白質を固定する役割を果たすため、腐敗を食いとめる。さらに、血液も腐敗の原因となるが、これも静脈から押し出される。なるほど、『黒地の絵』の軍医のように臓器を取り出しこそしないが、エンバーマーは医師に匹敵するような施術を行う、ということである。

宇屋さんの語調は穏やかで、ゆっくり。ふつう話し言葉は主語述語が曖昧《あいまい》だったり、同じ内容を繰り返していたりするものだが、噛《か》み砕いた言葉は、ほぼそのまま原稿に書き起こせるくらい的確だった。自分の職業を客観視する訓練ができている人だからだろうか。

私は、エンバーミングの技術の現場をこの目で見たかった。だが、宇屋さんに「それはダメです」とぴしゃりと拒否された。IFSAの規定だそうだ。かろうじて「ご遺体が入室していないときなら」と、都内にある公益社の施術室を見せてもらうことができた。

厳重に施錠されたドアが開くと、準備やメイク、着替えに使う十平米ほどの部屋があり、再び施錠されたドアの向こう、白い壁に囲まれた十五平米ほどの空間が施術室だった。

　連日、何体もの遺体が運び込まれる場所なのは病院の霊安室と同じだ。ましてや遺体にメスを入れるところだ。「霊」が漂っている、とは言わないが、なにがしかの重い空気を感じるかもしれないと思ったのは杞憂《きゆう》だった。手術室のように清潔で、機能的な空間である。

　大きな照明の下に、「エンバーミングテーブル」と呼ぶという二基のステンレス製ベッドがわずかに傾斜して置かれ、壁際《かべぎわ》に一辺約四十センチ四方の箱型の機械が設置されていた。

「これが、薬液を入れて送り出すエンバーミングマシーンです。心臓のポンプのようなものですね。心臓が収縮期に『トントントン』と血液を肺や全身に一気に送り出す、あの役割をするんです」

　私は、「薬液というのはホルマリンのことですよね？　色が何種類かある中、その人の肌に合った色に調合するんですよね？」と質問したが、それは安易な早合点だった。

　戸棚には色とりどり十五種類ほどのアメリカ・ダッジ社製の薬液ボトルが並んでい

る。しかし、そのうちホルマリンは半数以下だった。

「薬液の効能には、緩衝、保湿、保存、抗凝固、水質調整、消毒、組織修復、溶媒、防カビなどがあるわけです。保存に直結する成分はホルマリンですが、グルタルアルデヒドやアルコール、高分子ポリマー系などの成分もあり不可欠なんですね」

色の調合のみならず、成分のそれをも指して「調合」だったのだ。さらに、「希釈（水で薄める）」という言葉も出てきた。

「当然お一人ずつ状態が違うから、希釈の割合も、年齢とビジュアルと性別、それに死亡時刻からの経過時間で判断するんです。例えば赤ちゃん。赤ちゃんの体は水の塊と言っていいほど水分の比率が高いので、濃い目に薬液を希釈しなければいけないんですね」

しかも希釈には、注入前の調合段階で水で薄める「一次希釈」と、注入してから体内の水分と混ざって薄まる「二次希釈」がある。水分量の多い赤ちゃんの場合は「体内で希釈しまくる」上に、施術後に両親らが抱くため「高温の環境に置かれる」ことも想定して濃度を決めるのだと宇屋さんは言った。前にも触れたが、高い温度は腐敗を加速させる。

マシーンの表面には、「プレッシャー（圧力）」と「フロー（流量）」の目盛りがついていた。動脈硬化などで血管の狭隘《きょうあい》化や血栓が認められれば、高圧、低流速にするなど、圧力と流量を調整すると言う。そんなふうに幾段階にも調整された薬液が、マシーンからチューブを通り、その先端に付けた「キャニュラ」に届き、的確な圧力、流量で遺体の動脈に注入されるのだ。

「注入段階で、遺体の全身の変色具合、マシーンのプレッシャーとフローの数値、静脈からの排血の具合。この三つを同時に注視するんですね。全身の皮膚の色に赤味がパッと入っていき、プレッシャーメーターの数値も排血の具合もＯＫならいいんですが、例えば足の下の色が変わらなかったり、まだらになったりすると、足の下に続く血管の中に血栓など障害があるか、あるいは破れていたり、何かあるということです。そんな場合、まずマッサージをします。それでも改善されない場合には、もう一か所、鼠蹊部を小切開して、そこから薬液を入れることもあります」

「切開したら動脈はすんなり見つかるもんですか」

「ええ。白くて、うどんみたいな感じですね。中が空っぽだったらぺしゃんこだけど、弾力性があります。薬液が通ると膨らみますね。薬液が血管から体の隅々に送られ、腹壁や臓器、毛細血管に行き渡るわけです。その代わりに、もともとの血液を静脈で出しましょう、という仕組みなんですね」

エンバーミングテーブルがわずかに傾斜しているのは、静脈から排出された血液が自然に流れてゆくようにするためだ。

「血を薬液に入れ換える……。ある意味、人工透析のような感じと思っていいですか」

「まあ、そうですね」

無事に終えた後の縫合も、野球のボールのように固く縫う「ベースボール縫合」や、皮膚の表面に糸を出すことなく縫う「埋没縫合」など、個々の状態によって判断するのだという。

この施術に加えて、胸水や腹水が溜《た》まっていれば抜き取る。目や口を閉じさせ、顔を整える。事故などで傷《いた》みの激しい顔面は専用のワックスなどを使って修復していく。

静脈から出た血液や、抜き取った体液は、何重にも濾過《ろか》した上、医療廃棄物として専門業者に引き取られる。業者に引き取られた後、最終処理までがマニフェストで明確にされているという。病院とまったく同じなのである。

施術室は、当然ながら静寂の空間だ。素っ裸の遺体がここに横たわっている、と私は頭の中でシミュレーションし、

「遺体と一対一の仕事ですね」

と、妙なことを口走った。

宇屋さんは当たり前だと言わずもがなの表情で苦笑し、「ここでの施術を含め、僕は毎日二十体ほどのご遺体と会ってるんですよね」と遠い目をして、「一番印象的だった経験をお話ししましょうか」と続けてくれた。

「自分と同世代の人をたて続けに二人、施術したことがあったんです。一人は長い闘病の末にやせ細って亡くなった人、もう一人は自殺した人。二人とも、たぶん僕と同じ音楽を聴いたり、同じアイドルを好きになったり、同じドラマを見たり、同じ時代の空気を吸って生きてきたんだと思うと……たまらなかった。気がつくと、闘病の末に亡くなった人には『すごく頑張ったなあ。えらかったなあ』、自殺した人には『なんでもうちょっと頑張れなかったんだ。生きたくても生きられなかった人もいるんだぞ』と、施術しながらぶつぶつ言っていました。生きるって、死ぬって、どういうことなんだろうといろいろ考えさせられたんです」

さきほどまでの、歯切れよい話し方と真逆だった。口調が重くなっていた。

「病気と闘って死んだヤツ、自分で死んだヤツ、ここに生きている自分……。それまでは、人は生きていることが当たり前で、死ぬのが特別なことだと思っていたんですが、逆に、生きるってすごいことだ、ありがたいことだと思うようになったんです……。うまく言えないけど、死にたいというヤツがいたら、ここにおいでよ、死体をご覧よ、僕らがエンバーミングしているのをご覧よって思う……。少なくとも、エンバーマーはこの人のことを必死で考えているんだ、この人は一人じゃないでしょ、って。人はいずれ死体になるのが当たり前だから、生きることがどんなにありがたいかわかるよって」

感情がこもった、口ごもりながらの宇屋さんの言葉が、白い部屋に吸収されていくように感じた。

死をひきずらないために

「じつは僕、なんとしてもエンバーマーになろうって決めていたんです。中学高校時代に、親友を三人も亡くしたから」

志望動機を聞きたいと言った私に、場所を変えて応接室で、宇屋さんはこう話し始めた。「死」を身近にしたためにこの業界入りした人はあまりにも多い。初めは、中学二年のときだという。

一九七七年生まれ。大阪府内で育った。小学校高学年から塾通いし、私立中学を受験した。「合格間違いなし」と目されたのに不合格となり、「落胆した母親の顔を見て、よし、勉強しよう」と決意した。地元の公立中学で「勉強の虫」のような日々を送っているとき、傍ら「やんちゃ」な竹馬の友がいた。やんちゃは自分にはできない。だからこそ親友だった。

「その親友がバイク事故で亡くなったと連絡網で回ってきて、お通夜《つや》に駆けつけたら、親友のお母さんに、『お願い、顔を見ないで』って懇願されたんです。『僕は祭壇を拝みに来たんとちゃう。あいつに会いに来たんや』って抵抗しましたが、拒否は頑《かたく》なでした。後でわかったんですが、崖《がけ》から落ちて、顔が割れていたからだったんです」

顔を見ない別れは辛《つら》すぎた。事情を知って、沸き上がった怒りの矛先は他へ向かった。

「葬儀社、何してるねん。なんとかしてくれよ。あいつの顔を見られるようになんとかしてくれなあかんやろ」

その数か月後、何気なくつけていたテレビで、「アメリカ人エンバーマーが、日本で初めてエンバーミングを行った」というニュースを見た。「こんなすごい技術があるのか」と衝撃が走ったのだという。「これさえできていたら、あいつの顔を見てさよならができたんや」と思い、十四歳にして「僕は将来絶対にエンバーマーになる」と固く決心した。

だが、ネットが発達していなかった当時、エンバーマーになる方法など知る術《すべ》はない。教員に尋ねてもわからない。アメリカに行けばエンバーマーの学校があるだろう、と漠然と考えた。

「そのあとです。また親友が亡くなったのは……」

トップレベルの私立高校に入学し、すぐに仲良くなった、李白《りはく》の漢詩が好きな友人だった。自作の五行律詩を「読んでくれ」と、よく手紙をくれた。

「亡くなる前の夜も電話で喋《しゃべ》ったばかりだったのに、登山に行き、高山病にかかって急死したんです。その友人もまた『顔を見ないで』というお葬式になったのは、顔面のうっ血がひどかったからだそうです」

三人目の友人を亡くしたのも高校生のとき。白血病で亡くなったその友人とも、「長い闘病で痩せこけてしまったから」という理由で、対面できない別れとなった。

「親友らが亡くなったことを頭では理解できても、納得できなかった。今も心の整理がついていないんです。あいつらが死んだなんて嘘《うそ》じゃなかったかと思う。年賀状や暑中見舞いの季節になるたび、いまだにヤツらから葉書が届くような気がしてならない……」

高校三年になり、進路を決めるにあたって、両親に「エンバーマーになりたい」と言おうとして口をつぐんだのは、反対されると思ったからだ。大阪大学に進んだ。
「人間科学部で人間形成論を専攻したんですが、視野が広がってもエンバーマーになりたい気持ちは変わらず、中二のときにテレビで見たエンバーミングの映像だけがその目標を支えるモチベーションでした。卒業後、エンバーミングの勉強をしにアメリカに行くために、〝近い〟業界の葬儀社で働いてお金を貯《た》めるぞ、と不純な動機で就職したんです」

数ある葬儀社の中から公益社に白羽の矢を立てたのは、親友たちの葬儀会場が、公益社の会館だったからだ。

こうして二〇〇一年、公益社に入社する。公益社は一九三二（昭和七）年創業、大阪の老舗《しにせ》葬儀社だ。入社七年前の一九九四年、大阪証券取引所新二部に、全国の葬祭業社の中で初めて上場していた。宇屋さんは、最初に配属された葬儀の現場職で、「思った以上に、葬儀の仕事は奥深かった」と振り返ってもくれた。

その当時は、昔の職人世界のように「背中を見て覚えろ」式だった。先輩たちは打ち合わせに行った喪家《そうけ》の玄関先で、まず、散らかっている靴をきれいに並べる。「少しでも喪家の役に立つのが葬儀屋だ。それに、靴から、人数や家族構成がわかるだろ」と教えられた。先輩たちは、喪家にあがっても、すぐに商談を始めない。先に子どもやペットと遊び、話しやすい雰囲気をつくり、雑談の中からも故人が好きだったものを聞き出そうとする。

「例えば、故人が飛行機の模型や観光地のペナントを集めていたとわかると、それらを密《ひそ》かに用意し、葬儀の会場にそっと飾るんです。そんな先輩たちに学び、僕も遺族に喜ばれることを探しました」

印象深い現場を聞いた。

ある喪家で、高校生の女の子が「おじいちゃん、一緒にＵＳＪに行こうって約束してたのに」とつぶやくのを耳に挟んだ。急いでＵＳＪ（ユニバーサル・スタジオ・ジャパン）のチケットを買いに走った。葬式で、花でいっぱいになった棺の蓋《ふた》をする直前に「天国から、このチケットでお孫さんと一緒にＵＳＪへ行ってくださいね」と、遺体の手にチケットを握らせたのだという。その光景を見て号泣した遺族に、「ありがとう」と何度も言われた。

「お葬式で一番大切なことは、遺族が大切な人と過ごす最期《さいご》の時間だということ。葬儀社はその時間をつくって提供する〝総合演出業〟だと気づいたんです」

ずっと心に温め続けているエンバーミングは、〝総合演出〟の大きな柱となり得るとの思いを強くした。「退社してアメリカへ」のタイミングを計っていたが、宇屋さんの一念が通じたのか。自社に日本人向けのエンバーマー養成学校（公益社フューネラルサイエンスカレッジ）ができることになり、「飛びつきました」。

公益社は宇屋さんが入社した二〇〇一年に、外国人エンバーマーを招聘し、エンバーミングセンターを立ち上げていた。『ＩＦＳＡの20年』への「燦《さん》ホールディングス（公益社の親会社）」元社長・吉田武さんの寄稿によると、いち早い導入の本音に、「従業員とその家族を職業的な感染の危機から保護する義務を果たすため」があった。

一人の社員が重い肝炎を患《わずら》い、余命いくばくもないときに吉田さんが見舞うと、「僕らの仕事はしかたないですものね」と口にした。肝炎は職業病だとの認識だったのだ。「仕事上の感染とは考えられなかった」ものの、本人がそう受け止めていることと自体を会社として深く受け止めたのだそうだ。新型感染症ＳＡＲＳ（重症急性呼吸器症候群）が世界的に流行し、鳥インフルエンザもマスコミで騒がれていた。感染防御が認識されだした時期でもあったという。そして、そのエンバーミングセンターに、自前の養成学校が出来るというのだ。

宇屋さんの同期は、二十一歳から三十七歳の九人。臨床検査技師など医療関係の出身者や、宇屋さんと同じく葬儀社で働いた経験を持つ人が多かった。全日制二年。午前九時から午後五時まで、座学と外国人エンバーマーによる実習がびっしり詰まったカリキュラムだった。

「入学するときは、内心、やっぱりアメリカに勉強に行くほうがいいかもという不安がなくもなかったんですが、そんなこと考える余裕のないほど毎日毎日課題の山でした」

大学受験のときと同量の勉強が、二年間続いたそうだ。

「日本語の本格的な教科書がまだなかったのです。二期生が入学する前に教科書を作ろうと、皆、一所懸命でした。エンバーミング理論や解剖学など初めて学ぶ分野は、勉強法が定まらず、苦労しました」

ＩＦＳＡの試験に合格し、二〇〇五年秋、宇屋さんは二十八歳で念願のエンバーマーになった。「自分のように、顔を見てお別れできないために身内や親友の死をひきずる人を一人でも少なくする」をミッションと頭においた。以来九年。ひと月に平均二十〜三十体を担当し、二千体以上の遺体をエンバーミングしてきたという。

宇屋さんのインタビューは四時間に及んだが、その間、携帯電話に四回着信した。電話の主たちの声が大きく、さかんに「おかげさまで」「ありがとうございました」

と言っているのが、私にも聞こえた。

宇屋さんは、「こちらこそありがとうございます」と、先方に見えないのに頭を下げ、

「お疲れが出ませんように……」

「ちょっとでも時間あったら、横になってくださいね……」

と応対する。その日の朝八時に成田から送り出したインドネシア人の関係者たちからのお礼の電話だった。

国や航空会社によるが、日本で亡くなった外国人を母国に帰す多くの場合、エンバーミングが必要だそうだ。ホルムアルデヒドを何cc入れてエンバーミングを確かにしたという「エンバーミング証明書」と、棺の中は遺体と洋服以外に何も入っていないことを示す「梱包《こんぽう》内容証明書」に、エンバーマーがサインして責任を負うのだという。

「ご遺体は航空貨物なんです。僕たちは人として施術しているけど、客観的に見ればモノですよね。棺が貨物として積み込まれるとき、なんとも言えない気持ちになりますね」

海外からも嘱望されるエンバーミングだが、最後に宇屋さんは、「国内でのエンバ

ーミングの必要度も今後ますます増してくると思う」と言い切った。

「遺体の状態がこの十年で変わったからです。医学が進んで、十年前より明らかに闘病が長かった人が増えています。そうした人は点滴などでお薬の投与が多いから、臭いも激しいし、僕の感覚では腐敗の速度が早いんです。しかも感染症の可能性も高い。なのに、十年前に『エンバーミング？　何、それ？』だった葬儀社の人たちにやっと認識されてきたところ。医療関係者にもまだエンバーミングを知らない人が結構いるので、認知度を上げるのが急務だと思っています」

ベースは黄金率

ヤフーで「エンバーミング」を検索すると、約十七万件がヒットする。ＩＦＳＡのページ以外、そのほとんどは葬儀社が営業品目の一つとして紹介するものだ。「科学的技術で、お元気だった頃の面影に近づけます」などと抽象的に表現されているばかりで、実態がわかりにくい。目下のところ、一般的な認知度が高いとはいえないだろう。

「ときどき病院からお声がかかり、講演に行きますが、エンゼルケアをする看護師さんでも、エンバーミングを知らなかったという方が結構いらっしゃいます」

こう話すのは、宇屋さんの後輩エンバーマーでキャリア五年の川口梨絵さん（三四）。自身も元看護師で、エンバーミングを知ったのは阪神間の総合病院消化器外科に勤務していた八年前。「死の境界にいらした」患者からだったという。

「私が勤務していたのは、いったん癌《がん》などの手術をして無事に退院したけれど、何年か後に再発して戻ってこられ、〝死亡退院〟される患者さんが多い病棟でした。あるとき、三か月の余命宣告を受けられた三十代の女性が、ふと『私が死んだとき、苦しそう、悲しそうな顔のままだったら、家族も婚約者も泣いてしまうと思う。だから、エンバーミングしたいと考えているの』と私におっしゃったんです。私はエンバーミングという言葉すら初耳で、『それ、何ですか？』って思わず聞き返しました」

最初の手術のときからつきあいが長ければ、一人ひとりの患者に「感情が入る」。ところが、たとえば着替えのとき「横向いてくださいね」「袖《そで》ぬきますね」などと声をかけ、患者に親身に接していたのに、先輩の中には、亡《な》くなると態度が一変する人もいた。無言で遺体を手荒に「モノ」扱いするのを目の当たりにし、時間効率を上げるためと納得しようとしても辛すぎた。「心の切り替え」ができないうちに〝死亡退院〟の時間が迫る。遺体の顔のやつれや変色をカバーしようとやみくもに含み綿を入れ、ファンデーションを厚く塗り「エンゼルメイク」をするが、うまくいかない……。

エンバーミングを知ったのは、幾人もの患者を看取《みと》ってきて、「違和感、疑問が積もり積もっていた」ときだったという。川口さんが五年間勤めた病院を辞し、一念発起し二十七歳で公益社フューネラルサイエンスカレッジに入学したのは、その数か月後だ。

「カレッジ、すごく楽しかったんです。解剖学一つとっても、臓器の場所と名称を覚えるのにいっぱいいっぱいだった看護学校のときと違って、なぜその臓器がそこにあるか、どういう作用で他の臓器につながっているのかも勉強し、目から鱗《うろこ》が落ちました。さらに、グリーフケアの勉強ができたことも、今、力になっています」

川口さんは、「故人様のその方らしい顔」の作り方について話してくれた。「穏やかな顔に——」が不文律で、そのためには自《おの》ずと法則があると言う。

「修復学で勉強した顔の〝黄金率〟がベースです。人の顔を横に三等分したとき、頭頂から眉毛《まゆげ》の上まで、眉毛から鼻の下まで、鼻の下からあご先までが、それぞれ一対一対一。顔の横幅は、目の横幅の四～五倍で、左目の幅を一とすると、左耳から左目まで、両目の間、右目、右目から右耳まで横に等分。それから、左右の黒目の真ん中のラインが口角の位置にあたる……などという黄金率を基本にし、その人らしさに近づくようにもっていくんですね」

もっとも、「その人の穏やかな顔」の概念は、遺族によって異なるともいう。

「例えば、眉間《みけん》にまっすぐ縦に皺《しわ》が入っていると、ふつう苦しそうに見えるでしょう？　ところが、ご家族にとってはその皺こそが故人様らしいと思われる場合もある。皺を消すのがいいとは限らないんですね。笑うときに口角が下がる人も、口角が上がる人もいらっしゃる。もともと笑わない人もいらっしゃいますから、ほうれい線や皺がどういうふうにして蓄積されたのか考えます。ご遺族からお借りした写真を見て、どの程度消すか残すか、決めていくんです。ファンデーションや口紅も、明るい色がいいとは限らず、年相応の〝くすみ〟を入れるほうが自然な場合もあります。遺体専用の化粧品、舞台用、そして生きている人間用の化粧品を、肌の乾燥状態に合わせて使い分けています」

エンバーミング薬液の注入施術のみならず、血色を取り戻した顔へのさらなるメイクが数値的に裏付けされているのである。さらに「事故などで頭蓋骨《ずがいこつ》が骨折し、崩れてしまった方にはジグソーパズルのように骨片を組み立てていく。ガランドウはダメ。見えなくても、土台があるかどうかで、その人らしさが全然変わってくる」と聞き、私は「何て深い世界なんだろう」と思わざるを得なかった。

川口さんは続けて、印象に残るメイクの一例を話してくれた。

「旅行先で事故に遭われて亡くなった、二十代前半の女性を担当したときのことが忘れられません。一週間ほど入院されていたそうで、点滴のせいで、お顔のむくみが激しく、もはや生前の面影がありませんでした」

エンバーミング施術をして血色はよくなったが、むくみを取るのは難しかった。「お豆腐の容器に緩衝用に入っている水は抜くことができても、お豆腐自体の水を短時間で抜けない」のと同じ道理だという。エンバーミング後、その女性は自宅で数日間安置されることになり、川口さんは様子を見るために毎日通った。

お母さんは、はじめのうち「あまり化粧気のある子じゃなかった」とメイクに乗り気でなかったが、川口さんが薄くメイクをし、髪型を整えているうちに、心なしかむくみも前ほど気にならなくなった。お母さんは日に日に穏やかになり、「やっぱりきれいにしてあげて」と気持ちが変わった。

「告別式の前、お母さんがお嬢さんのお友だちを集めて、『みんなでお化粧してあげて』って。お友だちは『○○ちゃんって、こんな感じだったよね』『一緒に買いに行ったアイシャドウだ』などと言いながら、涙ぼろぼろ流してみんなでお化粧してあげていました。お嬢さん、お家ではお化粧しなくても、外ではお化粧を頑張る方だったんですね。ご両親が『自分たちの知らなかった娘を知ることができました』とおっしゃってくださいました。その入口を作ってさしあげられた」

私は、「エンバーマーとして見ている死は、看護師として見ていたときの死と違いますか」と水を向けた。聞き手としてよろしくない、観念的な質問だったとはっとしたが、川口さんは間髪を容《い》れずに返した。

「看護師のとき死は単体だったけど、今は単体じゃないんです。無駄な死はないと思えるようになりました」

看護師時代は亡くなった患者と遺族にしか目が向かなかった。しかし、今は一人の人間の死が多くの人に影響を与えていると思える、という意味だと川口さんは補った。

「たとえ三時間であっても、私もその人からエンバーミングの技術を教えられている」とも言った。復元師・木佐貫さんの「あなたをなんとかしてさしあげたいと必死になる」、宇屋さんの「エンバーマーはこの人のことを必死で考えているんだ」という言葉と重なる。

「見ず知らずの私にまで、その人の存在が響くんですから、いろいろな場面で多くの人に響いて、その人の人生があったということでしょう? 人ってすごい。死は単体じゃない、と私には思えるんです」

「死は単体でない」。川口さんの言葉は私の頭の中にすっと入った。エンバーミングに特化しない概括的な思いだろうが、図らずもその言葉の輪郭を示すと思えるエピソードが他からも聞けた。一級葬祭ディレクターの杉永朋子さん(三六)に、「エンバーミングした遺体を扱った葬儀例を教えてほしい」と頼んでいた。

　妻を亡くした四十代後半の男性が、「仕事が忙しくて、妻の闘病期間中、十分に一緒にいてやれなかった」と後悔の言葉を漏らした――。子どものいない夫婦だった。葬儀会館で行われた通夜は滞りなく終わり、杉永さんは男性に、遺体を安置した部屋の隣室を利用するよう案内すると共に、「触れてさしあげてくださってても大丈夫ですよ」と伝えて引きあげた。目が充血し、肩を落とす男性の姿が痛々しかった。ところが、

「翌朝に伺うと、前夜と一転、晴れ晴れした表情に変わってらしたんです」

　今日はお顔色がよろしいですね、と声をかけると、思わぬ返答があった。

「実は昨夜、妻の顔を見ていたら、彼女と一緒に過ごしたくなって、妻の真横に自分の布団を持って行き、同じ部屋でしゃべりかけながら寝たのです」

　闘病中、妻に寂しい思いをさせたという自責の念が解けたのだ。「闘病でやつれたお顔のままだったら、一晩中一緒に過ごしたいという発想にはならなかっただろうと

思います」と杉永さんは言う。

六十代の夫を、二人三脚の長い闘病の末に亡くした女性の場合は、少し複雑だった。夫は実業界で名をなした人で、闘病中、「弱った自分の姿を家族以外に見せたくない」と友人知人の見舞いを拒み、げっそりと痩《や》せて亡くなった。

「息子さんがエンバーミングを希望され、お元気だった頃のお顔つきになったのですが、奥様は一目見るなり、『うちの主人じゃない』とおっしゃったんです。そのときの奥様には、晩年の痩せた姿が自分に心を許したリアルなご主人だったのだと思います。私は……おかけする言葉が見つかりませんでした」

遺言どおり、葬儀はひっそりと営まれた。時が過ぎ、一周忌を前に杉永さんが電話を入れると、返ってきたのは、「私、あのとき『うちの主人じゃない』と言ってあなたに嫌な思いをさせてしまったと、ずっと後悔していたの。ごめんなさいね」という言葉だった。

時間が経《た》って思い出すのは、「最期の別れのときの夫の元気な顔つきと、楽しい思い出」なのだとその奥さんは口にした。

「夫の友人たちが家に訪ねてきてくれて、笑いながら彼の昔の話をすることもあってね」

と明るい口調だった。杉永さんは、「やっぱりエンバーミングをお勧めして良かったのだ」と心の中でピースした。

「大切な人を亡くした辛い気持ちは、計り知れません。でも、お元気そうな顔つきで旅立たせてあげられたなら、この方々のように、生前のいい思い出につながりやすいのです。エンバーミングの力は甚大です」

別れの時間をコントロール

「自己満足かもしれませんが、激しく黄疸《おうだん》や死斑《しはん》が出ていた人を肌色に戻したり、骸《がい》骨《こつ》のように痩せ細っていた人を安らかなお顔に戻せて、自信をもってご遺族に送り出すとき、エンバーマーになって良かったとつくづく思います」

こう話すのは、愛知県一宮市にある株式会社「のいり」社長、野杁晃充さん（三七）だ。同社はJR・名鉄一宮駅にほど近い繁華街に本社があり、野道具（葬列に用いる道具）の製造を一九一二（大正元）年に始めたのがルーツという歴史ある会社。戦後まもなくから葬儀業を手がけ、野杁さんが四代目である。大学卒業後、東京で外資系コンサルティング会社に勤めていたが、祖父が倒れたのを機に家業を継ぐにあたり、アメリカでエンバーミングを学んだ。自身がエンバーマーなのである。

「父のアドバイスもあって、暖簾《のれん》にあぐらをかいていては先がない、海外の葬祭文化を学んでから継ごうと思ったのです。アメリカでは、葬祭ディレクターとエンバーマーの資格がセットでした。州によって異なるようですが、私が経験したオレゴンとシカゴは日本のように分業じゃなく、自分がエンバーミングした方をお葬式まで一貫して担当するシステムでした」

先に取材した、エンバーミングを日本に導入した先駆者の一人、サン・ライフ会長の竹内さんから「アメリカでは葬儀関係者の社会的地位が高い」「葬祭ディレクターあるいはエンバーマーとして働くには公的ライセンスが必要」と聞き及んでいたとおりだ。その認定基準は州によって異なるが、通常は大学か専門学校の葬祭学科（二年制または四年制）を卒業した後、国家試験に合格し、葬儀社で一年から二年の実務経験を積むことで、州から正式な葬祭ディレクターとエンバーマーのライセンスが付与される。日本と大きく違うのは、エンバーミングについての州法があることと、多くの州ではライセンス更新のための生涯教育が定められていることだという。野杁さんは、経験したアメリカでの話を教えてくれた。

二〇〇二年に二十六歳で渡米し、「遊んでしまわないように」と都会を避け、オレゴン州のグレシャムという小さな町にある二年制のコミュニティカレッジ、マウントフッド大学葬祭学科に入学した。二十人ほどの同期生は十八歳から五十歳くらいまで、男女およそ半々。子どもの頃から家業を手伝ってきた葬儀社の子息や、すでに葬儀社で働いた経験のある人が多く、日本人は野杁さんだけだった。授業は、エンバーミング理論や化学、解剖学などの理系科目のほか、心理学や宗教学、会計学など文系科目もあり、毎日小テストが課せられた。

「日本の大学と比べ物になりません。死ぬほど勉強しました」

渡米して初めて目にしたエンバーミングされた遺体の死化粧の仕上がりが、それまで日本で見ていた仕上がりと「まったく違っていた」ことにつき動かされた。野杁さんは、平日の空き時間の全《すべ》てを大学の図書館で過ごし、週末はポートランド・メモリアル社という全米四大葬儀社のうちの一社の傘下《さんか》に入り上場している葬儀社で、インターンとして実務を経験した。

「何十年もの経験を積んだベテラン・エンバーマーが先生です。最初の実習が病理解剖したご遺体。血の海となっている体が目の前に飛び込んできて、ものすごくショックでした。体内に残っている動脈から薬液を注入するのですが、アメリカ人は体格が大きいから、動脈も相当掘らないと出てこない。はじめのうちは動脈確保に三十分もかかりました。学校で、エンバーマーには処置の〝OKライン〟が高い人も低い人もいるが、低い人は市場からすぐに駆逐されると聞き、さすがアメリカだと思いました。同期生数人が、途中で脱落していきました」

野杁さんは、努力の甲斐《かい》あって、葬祭学科を首席（オールA）で卒業した。インターン経験したオレゴン州の葬儀社で働くという選択肢もあったが、西海岸は宗教儀礼の簡素化からエンバーミング施術の比率が低下してきていたため、思い切ってアメリカ中西部のイリノイ州シカゴに移り住み、現地実習ができる葬儀社を探した。

シカゴ中の葬儀社に履歴書を持って回り、一か月ほどして、グリッカート葬儀社という家族経営で地元密着の葬儀社に受け入れられた。研修生として、病院への遺体引き取り、エンバーミング施術、遺族との打ち合わせ、書類作成、式場設営や葬儀の進行、土葬の立ち会いまで、一連の実務を経験し、一年後にはイリノイ州のエンバーマーと葬祭ディレクターのライセンスを取得することができたそうだ。

「亡くなった人への『愛』はアメリカも日本も同じですが、ご遺体に対する執着が異なります。日本にはご遺体に寄り添うのが愛、みたいな感覚があるけれど、アメリカではご遺族は病院で手続きが終わるとさっさと帰宅し、次にご遺体に会うのは数日後の葬儀の日なんです。ご遺体を家に連れて帰る習慣もなければ、葬儀までの間に故人に会いに来る人もいません。カルチャーの違いだと思います」

「夜」を「通して」と書く通夜が、故人の魂が道に迷わずあの世に行くために一晩中線香や蠟燭《ろうそく》の火を絶やさず見守る風習であったように、日本には死者のそばにいてこそ弔いだと考える文化があるが、アメリカにはない。そのため、日本のような〝三時間ルール（三時間後には、エンバーミングを終えて遺族に遺体を返すべし、のルール）〟がなく、エンバーマーは仕事がしやすい環境なのだ。遺族がすでに去った病院に遺体を引き取りに行き、葬儀社の施術室に運ぶ。五、六時間かけてエンバーミングをし、葬儀社で葬儀の日まで預かるのだという。

「薬液が全身に回るのに、一日、二日かかる場合もあるし、エンバーミング施術を終えた後、寝かせておくと液漏れがする。なので、出なくなるまで漏れさせることもできるのです。そして数日間メンテナンスをするから、お葬式には安定した一番いい状態で出せる……」

施術料は、保管料金も含めて、日本の施術料と同じくらい（五万円〜十五万円程度）。野杁さんの感触では、シカゴのエンバーミング比率は五〇〜六〇パーセント。エンバーミングをするかしないかは、貧富の差に比例するという。

葬式は教会やフューネラルホーム内のチャペルで行われ、宗教者が進行役となる。

自分がエンバーミングをした遺体の葬式を葬祭ディレクターとして担当するわけだが、式では開式と閉式を案内するに留まり、表立った〝出番〟は日本より少ないそうだ。

「薬液を注入する施術は、教えてもらって経験を積んだら誰だってできるようになると思います。でも、優秀なエンバーマーは、顔の修復に眉毛一本、鼻毛一本まで気を配るんですよ。眉毛、鼻毛の長さ、生えている方向、色、バランス……」

「日本の〝三時間ルール〟の中ではできない緻密《ちみつ》さです？」と聞くと、野杁さんはゆっくりと頷《うなず》き、ややあってから顔を曇らせ、こう続けた。

「ただ、遺体はきれいになればいい、というものではないんです。シカゴで、十六歳のイケメンの男の子を担当したときのことが忘れられません。薬物の過剰摂取で亡くなった子でした。液がうまく回ってきれいになりました。でも、そんなこと取るに足りない、とまでは言いませんが、家族はものすごく落ち込んだまま。僕は無力だと思った。家族にかける言葉が見つからなかった。八百人が参列した葬儀でした」

帰国後、野杁さんは、二台のエンバーミングテーブルを設置した施術室を会社に設け、エンバーマー二人を雇用して、エンバーミング部署を立ち上げた。そして、国道二十二号線沿いに「エンバーミングサービス」と大きく書いた高さ約五メートルの看板を堂々と掲げた。エンバーミングの認知度を上げたいからだ。

「最初のうち『それ何？』と問い合わせがずいぶん来ました。説明すると、手前味噌《みそ》ですが、この小さな町で弊社は信頼を得てきているので、ご理解につながったようです。スタッフにはしょっちゅう『〝三時間ルール〟の中で、全力を尽くせ』『施術して終わりではなく、葬儀の当日まで遺体の状況を確認し続け、タッチアップしなさい』と言っています」

近頃は、施行する葬儀の約三〇〜四〇パーセント、年間約五百体にエンバーミング施術をしているという。

「私は処置に全身全霊をかけ、自分の命を削って、故人様に新たな命を吹き込む気概でやっています。老衰できれいなまま亡くなったおばあさん、おじいさんにはわざわざ勧めませんが、長い闘病で亡くなり見るに忍びない姿になった故人様を、生前のきれいな姿で送ってあげる意味は大きいと思います」

二〇一四年現在、エンバーミング事業者は北海道から鹿児島まで全国に十六社、施設数は四十六にのぼる。

サン・ライフの竹内会長に聞いて心底驚いた、「アメリカで、背広を着て椅子《いす》に座った故人に、弔問者が握手をするお葬式を見た」（第一章に記述）に近い例が日本でも行われていないか――。葬儀社の人が紹介してくれたのが、東京都大田区を拠点に〝移動エンバーミング〟をしている「ディーサポート社」の真保健児さん（四〇）だ。

真保さんがエンバーミングを行う施術室は、キャンピングトレイラー（被牽引《けんいん》自動車）の中にある。エンバーミングテーブルも、エンバーミングマシーンのほか機器類、薬液類も、廃液を保管するポリタンクもすべて完備したトレイラーをバンで牽引し、依頼された葬儀社へ出向く。駐車場でバンとトレイラーを切り離し、遺体をトレイラーに運び、その中でエンバーミング施術をしている。このスタイルは、日本中で真保さんだけだ。

「独立開業するために、この方法を選んだんです」

新潟市の出身。山形大学工学部を卒業後、医療機器メーカーの営業職に就き、十年間、新潟で病院回りをしていた。知人が幼い子どもを亡くしたことを機に、当時はまだ医療分野の範囲内に考えられていた「遺族ケア」に関心を持ち、エンバーミングを知ったのだという。退職し、宇屋さんや川口さんと同じ大阪の公益社フューネラルサイエンスカレッジに学び、二〇〇六年秋にエンバーマー資格を取得した。

「脱サラです。一生していく仕事だから資格職に、という気持ちがありました」

四年間、勤務エンバーマーを経験後、トレイラーを購入し、車内を施術室に改造した。二千ｃｃの牽引車両のバンは「ご遺体を運ぶこともあるので」営業用の緑ナンバーを取得し、二〇一一年に独立した。エンバーミング施設を持たない葬儀社などから、依頼を受けている。

午後、新宿区内でエンバーミング施術をしてきたという日の夕刻、大田区内のファミリーレストランで会ったが、

「初期投資はいくらくらいでしたか」

と、ぶしつけな質問をしても、

「トレイラー自体が約三百万円、あと、換気のシステムやクーラーを取り付けたり、エンバーミングの道具や薬を揃《そろ》えなくてはならないので、そういった設備費用を合わせると一千万円を超えました。牽引車両と事務所経費も必要で、銀行から借りました」

と、端的に答えてくれる。容貌《ようぼう》は、年齢より少し若く見える人だ。

ＩＦＳＡで決められたＴＤ（Treatment of the Deceased ＝遺体処置の略）と呼ぶエンバーミングの処置方法には、エンバーミング薬液を使用しないＴＤ１、薬液を使用し、修復処置もするＴＤ２、修復処置のみをするＴＤ３、高度腐敗や焼死に対応するＴＤ４の四段階があります、と紙に書いて説明してくれる。

「施術空間が狭いことはプレッシャーになりませんか」

「ないことはないですが、集中するのでさほどではありません。むしろ、時間との闘いに葛藤《かっとう》します」

施術は、亡くなってから通夜まで、遺族が故人と一緒にいられる限られた時間のうちの二、三時間を取り上げることになる。例えば完璧《かんぺき》なエンバーミングに十時間かかると予測される人を時間内に仕上げるには、遺族が対面する顔と布団《ふとん》で隠れる体部分をどう時間配分するか。見切りをつけるのは、自分しかいない。その葛藤だと言い、

「エンバーミングの最大の効能は、慌《あわ》ただしくお葬式をしなくてよくなること。故人とのお別れの時間をコントロールできることだと思います」と続けた。

死亡日から五十日までに火葬するとＩＦＳＡは自主規制している。忌明けとされる仏教の「四十九日」、神道の「五十日祭」を考慮した期間の設定だが、言い換えると、エンバーミングした遺体を五十日間、自宅に寝かせておくことも可能なのだ。会社の要人なら、先に決まっていた社の記念行事を済ませてからとか、子どもの結婚式や受験を終えてから、出産を控えた孫に赤ちゃんが生まれて退院してから葬式をした例もあるという。

「もっと言えば、お葬式以外の形で故人との時間を持ちたいという遺族の希望に応《こた》え

ることもできるのです」

真保さんの挙げたとびきりの一例が、衝撃的だった。遺族が、故人と一緒に「ドライブ」したというのだ。

それは、真保さんの会社のホームページを見た、三十代の女性からの相談メールが入ったのがはじまりだったという。彼女は、夫の看取りの最中だった。

「いざとなったら、お葬式の前にドライブをしたいんですが」

真保さんは、火葬場に行く途中に、思い出の場所に寄り道することができると返答したが、「違います。棺に入らない、生身の主人とドライブしたいんです……」と二度目のメールがきた。

夫は車が好きで、仕事も運輸関係だった。二人でドライブによく行った。病気になってから新車に買い替えた。しばらくは運転もできていたが、やがて病気が進行した。「闘病の励みにしたい」と、その車をよりお気に入りのスタイルにするため、自ら案を練ってディーラーに内装を変える注文をした。ところが、内装ができあがって納品されてきたときには、車に乗れない身になっていた。心残りだと思うので、いざとなったら、その車に乗せてあげたい——という内容だった。

真保さんは迅速に各方面に問い合わせ、「不可能でない」とわかった。警察の尋問に遭い、事件性を疑われたときのために死亡したことがわかる除籍証明書を携帯すれば、家族が同乗する限り、法的に問題はない、と。

「お気持ち、わかります。ドライブできますよ」

と返信した後、しばらく連絡が途絶えた。次に来たメールに「亡くなりました。お願いします」と書かれていた。

「入念にエンバーミング施術をさせていただいたあと、ご主人にお気に入りの洋服を着て、助手席を最大にリクライニングさせて座ってもらいました。僕がゆっくりゆっくりと運転し、都内の勤務先や思い出の公園などを三十分ほどかけて巡ったんです。その間、後部座席に座られた奥さんが、ご主人にずっと話しかけてらっしゃいました」

私は真保さんの話を聞きながら、サン・ライフの門松さんに同行して平塚の遺族宅で対面したエンバーミングした遺体を、ありありと思い出した。闘病の影はなく、ただただ眠っているような安らかな顔だった。声をかけたら、起き上がってくるかもしれないと思えるほどの寝姿だった。

大切な人を亡くした遺族の思いは、それぞれ違う。「百人いたら百人とも違う」「あのとき、ああしておいてあげればよかったと思わない遺族はいない」と、複数の葬祭ディレクターの口から聞いた。エンバーミング施術によって、見送り方の選択の幅は間違いなく広がっている。

第五章　火葬場で働く人々

葬儀社などで遺体に関わる仕事の人たちを取材してきて、行きついたのが火葬場だ。日本の二〇一三年の死者数は約百二十六万八千人。厚生労働省の「衛生行政報告例（二〇一三年度）」によると、火葬場の数は全国に四千四百六十七か所で、一年以内に稼働《かどう》実績があるのは千四百七十五か所である。火葬場数が三倍以上も多いのは、すでに使われていない火葬場が壊されずに残っているためだそうだ。

人が亡《な》くなった後、法律的に「しなければならない」のは、七日以内に役所に死亡届を提出して火葬許可証を受け取り、火葬することだけである。正確に言えば、火葬許可証ではなく埋葬許可証を受け取って土葬することもできるが、土葬は高度経済成長期に日本中からほぼ姿を消した。二〇一三年度の土葬数は、宗教上の理由によるイスラム教徒など百三十九体だけで、したがって火葬率は約九九・九九パーセントである。葬式は省けても、火葬場は避けて通れない。

小津安二郎監督の映画『小早川家《こはやがわ》の秋』に、火葬場に関して印象深いシーンがある。一九六一年の公開で、小津監督の最後から二本目の作品だ。終盤に、中村鴈治郎《がんじろう》が演じる造り酒屋の大旦那《おおだんな》が亡くなり、滔々《とうとう》と流れる幅広の川のほとりにある火葬場が登場する。場所は関西人の私には見覚えがある。おそらく京都府と大阪府の境あたりで、すっくと高い煙突が聳《そび》える、レンガ造りの火葬場だ。

娘たち数人の遺族が待合室から出てくる。一人が振り返って「あっ」と言うと、煙突から灰色の煙が天に昇るようにまっすぐに上がっている。原節子、新珠《あらたま》三千代、小林桂樹ら扮《ふん》する遺族それぞれが亡くなった父を思い、自分の境遇や行く末を思い、感慨にふける。

同じとき、川の浅瀬で手ぬぐいや野菜を洗う、笠智衆《りゅうちしゅう》と望月優子が演じる老夫婦がその煙を見上げ、やおら「誰ぞ死んだんやわ、煙出とるわ」「ああ出とるなあ」と言葉を交わす。煙突と河原にカメラが向けられた後、「じいさまやばあさまやったら大事ないけど、若い人やったらかわいそうやなあ」「けど、死んでも死んでも、後から後からせんぐりせんぐり生まれてくるわ」「そうやなあ。ようでけとるわ」。

「せんぐり」とは、年配者が使っていた関西の言葉で、「順番に、次から次へ」の意味だ。老夫婦は柔和な顔つきでそんなふうに続け、何ごともなかったかのように洗い物に戻る。

一族の長の遺体が火葬され、煙突から立ち上る煙となって大気に消える図と、老夫婦の「せんぐりせんぐり……ようでけとるわ」の静かな会話。万人がいつか必ず通過しなければならないのが火葬場で、誰もの暮らしの延長上にある――。火葬場に関心が向いている中で観《み》たためだろうが、私には小津監督がそう示しているように思えた。火葬場研究の第一人者で、一般社団法人「火葬研」会長の八木澤壯一さんの共著『火葬場』の冒頭にもこのシーンが取り上げられている。あの火葬場の中で、どんな人によってどのようにして遺体が焼かれていたのだろうかと、素朴な問いが頭をもたげてきた。

急がれた火葬場の建設

日本での火葬は、唐《とう》で玄奘三蔵《げんじょうさんぞう》（三蔵法師）に師事した後に法相宗《ほっそうしゅう》を伝えた奈良・元興寺《がんごうじ》の僧・道昭《どうしょう》（六二九～七〇〇年）が、自らの遺言で西暦七〇〇年に弟子たちによって荼毘《だび》に付されたのを最初とするのが定説とされてきた。『続日本紀』（七九七年）の「巻第一文武天皇四年三月」の記載に、「天下火葬従此而始也」（我が国における火葬はこれを始めとする、の意）とあるからだ。鎌倉・室町時代に一般庶民に広まった。寺の境内で、あるいは集落単位の相互扶助の形がとられて人里離れた窪地《くぼち》などで、薪《まき》や藁《わら》、木炭で野焼きされたという。

その役目を担《にな》ったのは、前者では僧または坊守《ぼうもり》（寺や坊舎の番人）、後者では集落内の人たちだった。『被差別民たちの大阪 近世前期編』（のびしょうじ著、解放出版社）によると、一五九五年の「文禄検地帳」には「三昧聖《さんまいひじり》」や、今では差別用語とされる「隠坊《おんぼう》（隠亡）」といった名請人《なうけにん》が記されている。「三昧聖」は、仏教用語に起因するようだ。心身ともに動揺することのない状態を「三昧」というが、火葬場や墓所が「三昧」と呼ばれた。農業に従事する傍ら、寺社や村と契約して死人が出た家から依頼を受け、火葬や埋葬を行ったのが、「三昧聖」「隠坊」だった。

明治政府は一八七三（明治六）年、廃仏毀釈《はいぶつきしゃく》を背景に火葬を禁止したが、東京・大阪など大都市の土葬用地不足と衛生面の問題から、わずか二十二か月後に解除した。内務省通達により、火葬場は寺院の手を離れ、いったん民営化の道を歩む。レンガを組み、建屋が備えられるようになり、燃料に石炭が加わる。東京・大阪・京都の三府と長崎・横浜・神戸・新潟・函館の五港町で「煙突の高さは曲尺《かねじゃく》二十四尺（約七・三メートル）以上」「火葬場施設内に遺骨を埋葬してはいけない」など設置基準が設けられる。その後、一八九七（明治三〇）年の伝染病予防法によって伝染病死亡者の火葬が義務づけられ、自治体が従来の民間火葬場を統廃合する形で火葬場建設を急いだ。

もっともこの時期、都会以外では土葬が多かった。全国の火葬率の戦前最高は一九四二（昭和一七）年で五七パーセント。南方などでの戦死者が多かった四五年には三〇パーセントに落ち込んだ後、五〇パーセントを超えたのは五〇年代で、その後加速度的に増加して八〇年に九一パーセントを数え、現在に至っている。公害問題の意識のもとに「火葬場の近代化」が叫ばれ、燃料が灯油主流になったのが七〇年代。八〇年代以降はガスと灯油を中心に建て替えが進んだ。

その一方で、閉鎖的な体質がまとわりついてきたのも事実である。

「火葬場は葬儀業界以上に閉鎖的。『おたくの火葬場、最近整備されましたか』と尋ねても『どこからそんな情報を？』と聞き返され、それすら教えてくれない」

「すべての火葬場で、利用者でも写真の撮影が禁止されている。理由は、写真に火葬場職員が写り込む可能性があるから。写り込んで火葬場職員だと明らかになると、差別の目にさらされるからだと聞いている」

葬儀社の人たちから、そんな話を漏れ聞いていた。

現在、全国の火葬場の経営主体は、公設（地方自治体、一部事務組合＝複数の地方自治体の共同。いずれも多くは指定管理者制度導入）が九五パーセント、公設以外（公益法人、宗教法人、自治会、民間企業）が五パーセントと、圧倒的に公設が多いが、例外なのが東京だ。二十三区内にある九か所の火葬場のうち七か所（落合、町屋、代々幡《よよはた》、四ツ木、桐ヶ谷、堀ノ内、戸田）が民営である。

「全国的に公設化が進む明治後期に、東京では都市計画として優先しなければならないことが多く、民間火葬場の買収が進まなかったからです」と解説するのは、「火葬研」副会長の武田至さん（四九）。

「一九六八（昭和四三）年の厚生省の通達により、現在は民営火葬場の許可は下りなくなっています。ただし、既得権として運営されているのです」

その中の一つ、戸田葬祭場（板橋区）は、一九二七（昭和二）年に火葬事業の収益性を見込んだ地主ら地元（当時の行政区は埼玉県戸田村）の有志が糾合して建設されたが、あとの六施設はルーツが同じ。一八八七（明治二〇）年に、木村荘平という人が東京の人口増・死亡者増を見込んで日暮里《にっぽり》（現荒川区）の火葬場を運営するために創業した東京博善にさかのぼる。ちなみに木村は、浅草を基点に牛鍋《ぎゅうなべ》チェーン「いろは」を東京市中で手広く営んでいた人物である。相当な事業家で、江戸期以来の火葬場を次々と手中におさめた。彼の没後、僧侶《そうりょ》が社長を務めていた時期もある。現在、六つの施設を運営するのも東京博善株式会社（本社千代田区）である。

二十三区内に二か所しかない公設のうちの一つ、都立瑞江《みずえ》葬儀所（江戸川区）は、都営地下鉄新宿線の瑞江駅から歩いて十五分ほどの住宅地にある。レンガ造りの門柱と、開け放たれた低い鉄の門扉のある正門を入ると、まるで公園だ。クスノキや松など樹木が植わった敷地内に、「必ずリードでつないでください」と犬の散歩に来る人への案内板が立っていた。日中は出入り自由なのだ。先に進むと、花壇のある車寄せの先に茶色と白の幅広の建物が見えてきた。お別れホール、火葬炉棟、管理棟から成る外観は一昔前の国民宿舎を彷彿《ほうふつ》とさせる。

「昭和五十年に全面改装されていますが、元は昭和十三年に区内唯一《ゆいいつ》の公営火葬場として開設されたんです」

嵯峨英徳《さがひでのり》さん（六〇）が、まずはじめにそう教えてくれた。

「この辺りは、畑や田んぼが広がる地だったんですね。当時の東京市公園課長が『美しい庭園の中の明るく清潔感のある施設』を目指して、洋風を発案したそうです。市議会の予算審議の際に図面を見た議員から『喫茶店みたいだ』と批判され、『この建物があまりにも洋風でハイカラすぎるとのお考えでしたら、ただ今のご叱責《しっせき》は私ども当事者へのお褒めの言葉かと存じます』と答えたエピソードが残っています」

実は嵯峨さんに会うのは二度目だった。その一か月ほど前に参加した「火葬研」の研究発表会で、火葬炉のメカニズム等の研究者に伍《ご》して「東アジアにおける火葬の受容について」という題で発表していたのを聴講していた。中国での仏教受容と火葬との関係や、万葉集に詠《よ》まれた歌などに立脚し、日本で古代から火葬が行われていたと論考するその発表に興味を持ち、挨拶《あいさつ》に行ったのだった。すると、都立瑞江葬儀所の職員で、大学の二部に社会人入学して思想宗教を専攻し、科目等履修生として大学院でも学んだという。自費出版した『東アジアにおける火葬の考察』（二〇一一年刊）をもらった。取材を申し込み、瑞江葬儀所の所長から「友引休業の日なら」と許可が出て、この日訪ねたのだった。

嵯峨さんの言う「東京市公園課長」とは、皇室等の多くの御料地の寄付を取り付けたため「貰《もら》い頭」と呼ばれた井下清《いのしたきよし》（一八八四〜一九七三年）のことだ。井の頭公園、上野公園などの都市公園をはじめ日本初の公園墓地となる多磨霊園を独立採算性での運用も含めて設計し、「公園の井下」とも呼ばれた。瑞江葬儀所は、欧米の霊園や火葬場の要素を取り入れ、宗教的装飾を抑えて、設計されたという。

「一般会葬者に『お別れホール』でお見送りをしていただいた後、炉前《ろまえ》（火葬炉の前）に案内し、お棺を（火葬炉に）お納めするんですね」

「お別れホール」は大理石造りで、前方に棺を置いて焼香や献花をすることができるそうだ。まるで葬儀会館の一室のようだった。今はここで葬儀までをすることはないが、かつてはここで葬式もしたから、「火葬場」ではなく「葬儀所」と名付けられたのかもしれない。

「ご遺体が生前の姿を留めている限り、観念のレベルでは死を認識できても、心の奥底には承認し難い部分があると思います。ご遺族が心理的に悲しみのピークに達するときですから、号泣されたり取り乱したりされる方もいらっしゃいます。火葬が終わるとお骨上げを案内しますが、自らの手でご遺骨を骨壺に入れる行為で、死の受容が一段落する。ご遺族のそんな心理プロセスに寄り添う仕事を、我々十四人の職員は粛々とやっています」

嵯峨さんは、「お別れホール」と、火葬炉の鉄の扉が一直線にずらりと並ぶ「炉前」と呼ぶスペースを案内してから、仕事の内容を話してくれた。理路整然、冷静沈着な話しぶりは火葬研の研究発表会のときと同じだ。黒フレームの大きなレンズの眼鏡の向こうから、シャープな視線をこちらに向ける人である。

聞きながら、私には大阪の火葬場で親を見送ったときのことが思い出された。火葬炉に滑るように入っていく棺、火葬開始のボタン。そして、骨上げのとき、「お年の割にご立派です」と職員が讃《たた》えてくれたこと。さらにもう一つ、火葬場を後にするとき、叔母が「あの人たち、えらい仕事やね」と耳打ちしたことを覚えている。「えらい」には、立派だ、優れているの「偉い」と、苦しい、しんどいを指す関西弁の「豪い」の両方のニュアンスが含まれていると思う。

仕事の内容を、嵯峨さんはこう続けた。

「そういった黒の制服を着て行う炉前の仕事と、作業着を着て『火室《かしつ》』と呼ぶ火葬炉の裏側でご遺体を焼く仕事を、職員全員でローテーションを組んで公平にやっているんですね」

「ご遺体を焼く仕事もしている」ということに、私は驚きを隠せなかった。今どきの火葬場では炉前で火葬開始のスイッチボタンをポンと押せば、人手を要することなく、遺体は自動的に焼かれるものだと思っていたからだ。遺族の極度の悲しみの場を日々の職場とし、遺体の入った棺と焼骨を前にするだけでも「えらい仕事」だろうに、「焼く」のに人力が必要で、その任も担っているとは、まったく想像の外だった。

「新設の火葬場の炉は自動制御が入っていて、焼くのに人手はあまり要らないそうですが、うちの炉は古いタイプですから。ガスの火を点《つ》けるところから焼き終えるまで、ご遺体の状況を確認しながら手作業なんですよ」

「つまり、目視して遺体を何かで触るということですか」

「そうですよ」

と、嵯峨さんはさも当然のように言う。

「火葬炉の中にバーナーは一本だけなので、そのままでは火が回っていかず、きれいに焼けないいんです。炉の裏側に付いている小窓から、デレッキという長い棒を炉の中に突っ込んで、ご遺体の位置を整えながら荼毘に付しているんですね。ご遺体の状況によって、四十分もかからない人もいれば、二時間近くかかる人もいらっしゃいます」

デレッキとはオランダ語で、先端部分がL字に曲がった鉄の棒のこと。石炭ストーブの石炭を掻《か》くのに使われるのと同じ呼称だそうだ。そのデレッキで、火葬中の遺体を操るというのだ。骨になって出てくるものに、「きれい」「きれいでない」があるというニュアンスにも、ぎくりとした。

友引休業のため稼働していない火葬炉の裏側――「火室」を見せてもらった。コンクリートの床に、幅一メートル、高さ三メートルほどのベージュの長方体の機械(燃焼炉・再燃焼炉)が二十基、横一列、等間隔に並んでいて、各々《おのおの》からダクトが天井に続いている。工場のような無機質な空間だ。燃焼炉をよく見れば、上下左右四か所に直径十五センチほどのガラスの丸窓が付いていた。一メートルから二メートルほどの数本の鉄の棒が立てかけられている。デレッキだ。

「最初の十分ほどで棺が焼けて、ご遺体がむき出しになります。バーナーが頭の上にあるので、先に頭部の方から火葬が進むんです。炉の中を火が回りますが、下半身のほうの火はどうしても弱いので、頭の側にある小窓からデレッキを入れて、ご遺体の脇《わき》の下に当てて、手前に持ってくるんですね」

火葬炉には、棺を台車ごと炉内に入れて高さ十センチほどの五徳の上で焼く「台車式」と、棺のみを入れて高さ三十センチほどに足場を組んだ鉄格子《てつごうし》の上で焼く「ロストル式」の二種類があるとのこと。八〇年代後半以降に設けられた炉の多くが「台車式」だが、瑞江葬儀所では八七年に炉を入れ換える際に「ロストル式」が採用された。焼けた骨が鉄格子の間から約三十センチ下に落ちるために崩れやすい反面、台車式よりも火の回りが良いのだという。

炉内の温度は計ったことがないが、融点の高いプラチナは残るものの、融点九百度台の銀、一千度台の金は溶けるので、推定一千二百度だと嵯峨さんは言う。小窓を覗《のぞ》き込んで猛火の中の遺体と対峙《たいじ》し、「きれいに焼く」努力をしている——ということなのだ。

炉の劣化を防ぐため同時に使用するのは、二十基のうち十基、六日毎の友引休業日をはさんで別の十基の使用に交代する。火葬炉は、十時、十一時、十二時、十三時、十四時台に五基ずつ稼働し、つまり一日に最大二十五体を火葬する。これを二人で担当するので、併行して複数の炉を見るという。

「怖いとか、気持ち悪いとか、そういう感覚はないですか」

「二十年余りやっていますから、今はもうありません。ただ……、この仕事についたばかりの頃は一種のショック状態に陥りました。通勤途中の車の中からどんなに若くて美しい女性を見ても、その人の体が表皮から次第に焼けただれていく様子が頭に浮かんで仕方なかったですね」

三十九歳で転職したそうだ。学生結婚したために私大を中退し、最初に勤めたのは製造業の会社で、熱心に労働組合活動をした。組合の役員をしている最中、人員整理が始まった。事実上の指名解雇で、「組合員の多くを救い切れず、無力感に打ちのめされていた」とき、たまたま新聞折り込みの「都政だより」が目に入り、職員募集を知った。「四十歳まで」の年齢制限にぎりぎりだった。「学歴不問」で、ペーパーテストは「高校入試程度」だったと記憶する。

「だから、私は何か思うことがあってこの仕事についたというのではないんです。入所した当時の職員は、みんな年配のベテランでした。作業マニュアルをもらって指導していただきましたが、右も左もわからないから、がむしゃらでした」

第二章で紹介した葬儀社勤務十年の堀井久利さんが、「仕事は好きとか嫌いとかでするもんじゃない。本気でやれば好きになるものだ」と確信をもって言っていたことが脳裏によぎる。先述した火葬についての研究は、現場の仕事を重ねる中で、火葬分野を理詰めで勉強したくなったからなんだろうか。

「まあそうですね。娘が大学に入学したタイミングで早稲田の二文に入りました。職務で、例えば『九相図』に近い様子を見るという、得難い経験をさせていただいているわけです。一方で、私に近づこうとした子どもに『あんなおじちゃんと喋《しゃべ》っちゃ駄目』とおっしゃるご遺族もいて、今なお偏見の目で見られる職業だということに違和感を禁じ得なかったですし……」

「九相図」とは、屋外に捨てられた死体が朽ちていく様子を描いた仏教絵画だ。鎌倉時代から江戸時代の筆のものが多い。小野小町《おののこまち》や檀林皇后《だんりんこうごう》（嵯峨天皇夫人）らなぜか美人を題材に、死体が次第に腐り、血が滲《にじ》み出し、肉が鳥や獣に食われて白骨になるまで、もしくは埋葬されるまでの様子が九段階に分けて、リアルに描かれている。これを、簡単に言えば「人の体は、執着するに値しませんよ」と説く経典もあるそうだ。

嵯峨さんの話を聞いて私が思い知ったのは、「焼く仕事」は「見る仕事」だということだ。そして、歪《ゆが》めてとらえられる理不尽がつきまとう仕事だと、改めて認識した。

嵯峨さんへの取材後、私は悶々《もんもん》とした。「焼く」業務に面食らい、火葬炉の裏側の小窓に向かうときの状況を聞くに至らなかったからだ。後日、それに応《こた》えてくれたのが、嵯峨さんと同期の森田和彦さん（五八）である。

「火室に入ったとき、臭《にお》いがしませんでしたか？」

気づかなかったと答えると、森田さんは「我々の日々の掃除が行き届いている証拠です。よかった」と、歯を見せずに少し微笑《ほほえ》んだ。中肉中背、スキンヘッド。嵯峨さんに負けず劣らず真面目《まじめ》そうという印象の人である。

「ご遺体の臭気に慣れるまで、私は時間がかかりました。車から降ろした瞬間に、臭うご遺体は臭うんですよ。水死体や腐敗が進んで傷《いた》んだご遺体ですね。形容のしようのない腐乱臭が館内に蔓延《まんえん》します」

遺体が臭うことは学習済みだが、死亡後の時間経過が最長の場だから、ひとしおなのだろう。

「葬儀業者に『傷みのひどいご遺体は納体袋に入れてから棺に入れるように』と依頼しているので、今はさほどではありませんが、以前は棺から体液が染《し》み出て、台車などに付着することもたびたびでした」

「傷みのひどいご遺体」は行旅死亡人、つまり行き倒れや孤独死など、遺族に弔われない遺体に多いという。

瑞江葬儀所は、都民・都民外にかかわらず生活保護者の火葬料金が六百円と非常に安いため葬儀業者に重宝がられ、そうした遺体が運び込まれる件数が六割に達する日もあるそうだ。東京は例外的に民営火葬場が多いと前述したが、東京博善の生活保護者の火葬料金は二万九千五百円。大きな開きがある。一般の人の火葬料金は、瑞江葬儀所が一律五万八千三百円（都民・七歳以上）、東京博善は五万九千円、十万七千五百円、十七万七千円（いずれも大人）の三ランクがある。東京博善のランクの違いは、「炉前」スペースが共有か個室か、そして内装の立派さの差である。

朝八時半に始業、ミーティングでその日に火葬予定の遺体の氏名を読み上げて全員で確認する。職員が知る遺体の事前情報は氏名と年齢だけだ。森田さんは、納炉（棺を炉に入れること）、収骨作業など「炉前」の担当七人、「火室」の担当二人が原則だと概略を説明してくれた後、嵯峨さんに聞いた火室での「見る」「焼く」の作業を補足してくれた。

「棺が燃え終わると、デレッキでまずドライアイスや花、食品など副葬品を除《の》けるんですね。副葬品があればあるほど温度を下げるし、火の回りを悪くするので、火葬の邪魔になるんです。私の感覚では、女性のほうが燃えやすくて男性は燃えにくい。一番手を焼くのが五十代の筋肉質の男性ですか。火室はまったく力仕事です」

日本人は骨への執着心が強い。「なるだけきれいに骨が残るように焼く」のが自分たちのミッションだと森田さんは言う。バーナーの火元は遺体の頭の上にあるから、最初に頭蓋骨《ずがいこつ》が焼けて鉄格子の下に落ちる。その後、先に嵯峨さんが言っていたように、デレッキを小窓から入れ、先のL字形の部分を遺体の脇の下に当て、手前に引き寄せる。炉内の炎が「きれいなオレンジ色」なら順調な燃焼だが、稀《まれ》に不完全燃焼を起こし黒煙が上がり、何も見えなくなることもある。小窓を開閉して、排気の加減を経験値で調節するそうだ。

「適量の脂肪」が付いている遺体のほうが燃えやすい。最も焼けにくいのは骨盤周辺なので、それを意識しながら、デレッキで体の各部位をバーナーの近くに引き寄せる作業を続ける。最後に「ちろちろと燃える炎」が消えたのを確認して、スイッチを切る。

「たまに大変なことが起こります。小窓から外に体液がビューと飛んでくるんです。ものすごく臭い……」

腹水の溜《た》まっている部分にデレッキが当たったときだという。小窓から飛び出た体液が、職員の顔や体を直撃する。「床が水たまり状態になる」と言うから相当な量だろう。何らかの感染症を持つ遺体の体液なら、職員に感染する危険がないとはいえない。おがくずを撒《ま》いて掃除する。「たまに」は一年に一、二度だそうなので、職員の人数から割り出すと全体では月に一、二回ということになり、頻度は低くない。

東日本大震災後、東京都は八百六十体の遺体の火葬を受け入れ、そのうち百六十五体を瑞江葬儀所が担当した。二〇一一年四月一日から五月二日までに十一日間、通常業務終了後の十五時から炉を稼働させるなどした。その間の「息つく暇もない日々」は、臭いとの闘いでもあったという（東京都はトラックを購入して遺体を移送したが、そのトラックはこびりついた腐敗臭が取れず、処分せざるを得なかったと、後に関係者から聞いた）。

聞けば聞くほど、心身ともに負担の大きい仕事だと思わずにはいられない。

「同僚の嵯峨さんは勤め始めて最初の頃、ショック状態に陥ったそうですが」と水を向けると、森田さんに「私の場合は、職場での感情を引きずることはなかったです」と切り返された。「仕事は仕事と割り切ってきましたので。火室より、むしろ炉前の担当のほうがキツいと感じますね」

炉前で点火スイッチを押すとき、遺族に「人殺し」と叫ばれた同僚もいる。森田さん自身も、骨上げのとき、「なんで喉仏《のどぼとけ》がないんだ」と立腹をぶつけられることもたびたびある。「瑞江はロストル式のため、落下した骨が崩れやすい。形がわかるように残るのは三〇パーセントほどですから、喉仏が出ないほうが多いんです」と説明するが、理解してくれる遺族のほうが少ない。

「ご遺族はみな平常とは違った精神状態にあると思っていないと、やっていけないですね」

森田さんも転職組だ。私大を中退し、「ぶらぶらしていた」後、二十五歳で学校警備員になったが、昼夜逆転の生活に「今でいうパニック障害」にかかり、九年で退職した。自宅療養を経て、広報誌で瑞江葬儀所の求人が目にとまったのは「(超過勤務のない)現業公務員のうまみを知っていたからかもしれない」という。

「でも、仕事をしなくても、住むところには困らなかった」と言うので聞けば、豊島区の自宅は製薬会社経営者だった祖父が遺《のこ》した、十四室もある豪邸。製薬会社は後に倒産し、母が素人《しろうと》下宿を切り盛りして一家を支えた時期もあったそうだが、世間一般にいう「育ちのいい」方だった。しかし、森田さんが二十代のときに父が他界し、状況が変わった。その後、妹をケアし、母と二人の伯母を扶養してきた。「そのためでもないが、ずっと独身」だそうだ。

取材の終盤、森田さんは訥々《とつとつ》とこう口にした。

「一口で言うと、生活のためと割り切ってしてきた仕事ですが、人の最後の瞬間に立ち会う非常に大切な仕事だと思うようになりました。とりわけ身寄りのない方の場合、自分が最後の最後に立ち会うたった一人の者だと思うと気が引き締まるんですよ、近ごろ特に」

嵯峨さん、森田さんとも、この取材後に定年退職した。

点火の後の一時間

嵯峨さんも森田さんも「瑞江葬儀所の炉は旧型だから、これほどに人力が必要」と言った。では、比較的新しい火葬場ではどうなのか。

「ご遺体の尊厳という意味では引っ掻き回さないほうがいいんでしょうが、実際問題、うちでもデレッキは使います」

関西地方のある火葬場の場長、亀山徹さん（五四＝仮名）が、電話の向こうでこう言った。

「火葬中に遺体を引っ張ったり動かしたりするってことですか」

「う〜ん、まあそれもありますが、いろいろと」

その「いろいろ」が知りたい。仕事ぶりを見せてほしいという私の依頼は、「ご遺族の感情というものがありますから」と最初は却下された。が、「瑞江葬儀所で作業の流れを聞いたが、実際の現場のイメージをつかめなくて」と説明して食い下がると、

「個人的には、火葬場は隠すものじゃないとかねがね思っているし、より良く火葬するための努力をしているのをわかってもらえるのだったら」と道が開けた。

私の胸は高鳴り、指定の日に亀山さんが勤める火葬場に向かった。JR京都駅からローカル線に乗り換え三十分ほどで、その町の玄関駅に着く。市街地に古い町並みが残り、山あいに足を伸ばせば温泉もある人口十万人弱の町。大阪暮らしが長かった私は町歩きや温泉の取材に来たことがあり、馴染《なじ》み深い町だ。駅からタクシーで十分ほど、里山の中腹のような場所にある火葬場に十時前に着いた。平成の初めに建て替えられたというグレーの建物は、規模も姿形も平均的な火葬場のようだ。三基の火葬炉がある。

「今日十時から乳児さん（の火葬）です。あと、十二時半と一時半から大人が入っています」

亀山さんはこの仕事をして十七年という。私の目には体育の教員のように見える、キビキビとした人だった。「炉裏《ろうら》」（瑞江葬儀所での「火室」をこの火葬場ではこう呼んでいた）の横の詰所に通されると、「保護具着用」「防塵《ぼうじん》マスク着用」と書かれたステッカーが目に飛び込む。その日あと二人いた職員の方への挨拶もそこそこに見学させてもらうことになった。

若い夫婦と、それぞれの両親であろう四人が到着する様子が、詰所のモニターに映し出される。その日は七十代の職員が「炉前」の担当とのことで、びしっとした黒スーツ姿で迎えに行く。モニターには、お母さんが棺にへばりつき泣き崩れる画像も映る。わずか五メートル先のドアの向こうに最愛の赤ちゃんを亡くした家族がいるのだと、胸がしめつけられた。

「点火もうすぐやから、こっちへ」

亀山さんの声で我に返って席を立ち、炉裏へ行った。瑞江葬儀所とは異なり、台車ごと炉内に入れて五徳の上で焼く「台車式」の火葬炉だ。その大きさは、縦約二メートル、横約六十五センチ、高さ約五十センチの棺が納まると、わずかな隙間《すきま》がある程度である。天井、壁面はセラミック耐火材、台車の表面（棺を置く面）はキャスタブルという耐火セメントだそうだ。燃焼機械の手前に、瑞江葬儀所にはなかったタッチパネル形式の「操作盤」があった。

点火後、何より驚いたのは、小窓を覗いて見えた炉の中の炎の強さと音だ。オレンジとも赤ともつかない鮮やかな炎が轟音《ごうおん》を立てて燃え上がり、縦横無尽に伸び、そして前後左右に動く。私は小窓から覗いた。しばらくはその炎の強さにただただ圧倒されるばかりで炎しか見えなかったが、渡された「遮光眼鏡」をかけて凝視するうち、中央に小さな物体が見え隠れしはじめた。

もう一方の小窓から火葬炉の中を凝視していた亀山さんが、突然「ごめん」と私を制し、燃え盛る炎の中にデレッキを突っ込む。ドライアイス、花、ぬいぐるみなどの副葬品を除けたのだと、あとで知る。その場で質問するのは憚《はばか》られる気迫だった。

亀山さんは操作盤を睨《にら》む。「主燃焼炉」「再燃焼炉」（主燃焼炉の上部にあり、ダイオキシン除去のために煤煙を再度燃焼する炉）の図が描かれ、それぞれの炉内の温度、圧力、排ガス温度などの数値やバーナーの向きなどがリアルタイムにデジタル表示される。これによって自動コントロールされるのだろうと予想したが、そうではなかった。亀山さんはたびたび操作盤にタッチして数値などを調整する。温度表示は「燃焼時間8分」のときには「主燃焼炉81度」だったが、瞬《また》く間に上がっていく。

「いいですよ」の合図で、私は再び小窓を覗く。目を皿のようにしてやっと赤ちゃんらしき姿が確認できた。炎に包まれている。不謹慎かもしれないが、私には「モノ」のように見え、反り返るので、ともすれば「スルメ」のようにも見えた。亀山さんは小窓を覗いては操作盤の調整を続ける。

赤ちゃんの火葬温度は大人より低いと聞いていたので、主燃焼炉が「30分、530度」を示していたとき「この温度がピークですか」と聞く。押し黙った後、「いや。温度計は主燃焼炉と再燃焼炉の間に付いていて、炉内温度（空間全体の温度）は違うので。バーナーの先の温度はたぶんもっと高いし」と説明してくれた。

やがて炎が小さくなっていくにつれ、小さな骨が見えるようになってきた。約五十分で火葬は完了した。

午後の火葬は、七十八歳の男性と三十二歳の女性だった。吉田さん（仮名）という恰幅《かっぷく》のよい四十代の職員が担当し、その二体も小窓から覗くと共に作業を見せてもらった。

吉田さんも棺が焼けるのを見計らって小窓を開け、デレッキを中に入れる。

「今は、うちの市ではペースメーカーの取り外しを病院が徹底してくれているから大丈夫やけど、昔はペースメーカーが炉内で破裂して大変やったそうなんよ。ペースメーカーの破片が当たった肉片が小窓から飛び出て、職員が大けがしたって」と教えてくれた。

吉田さんはその後も何度も小窓を覗き込み、操作盤をタッチして調整を繰り返した。

七十八歳の男性のときは、小窓を覗いても赤い炎の猛烈な勢いに圧倒されるばかりで、「今頭が（五徳の下に）落ちた」と言われて初めてあれが頭蓋骨だ、脳だとわかり、「胴体にきっちり火が回った」と言われて「ああなるほど」と思えたまでで、しっかりと炉の中の全容を認識できたのは、終わりがけに火が弱まってからだ。それは、五徳の下や脇に落ちた大小さまざまな骨が、ちろちろと燃え続ける様子だった。

二人目の三十二歳の女性のときは、少し見慣れてきていたからか、頭蓋骨が焼け落ちていく様、黒い塊の脳がむき出しになって燃える様、体の皮膚が焼けただれていき、分断された肉片となっていく様、内臓が露出してくる様、火が付いた肉自体がひとりでに焼けていく様（自己燃焼というそうだ）などがおぼろにわかった。瑞江葬儀所の森田さんに聞いた「焼けていく経過」どおりだった。

ただ、頭蓋骨も肉片も内臓も千々に黒い塊だったのが、想像とずいぶん違った。炉内にいくつもの黒い塊が、炎に直撃されて蠢《うごめ》きを続けている。そんなふうに私の目には映った。意外にも、副葬品の花と本が焼けず、くすぶり続けている。操作盤が示す温度は千百四度がピークだったろうか。操作盤に表示されるのは炉内の一か所の温度に過ぎないため、実際にはさらに高温の箇所もあると想定できるそうだ。

吉田さんは、「内臓が焼けにくいんよね。そやから、ある程度全体が焼けたら、内臓をバーナーに当たり易《やす》いように持ってくるんよ」とデレッキを小窓に入れて作業した後、操作盤でバーナーの角度を調節した。

「無理しないほうがいいですよ。気分悪くなったらあかんから」

気遣ってくれたが、私はとりあえず大丈夫だった。

思い描いていたグロテスク、不気味、おどろおどろしいといった感覚とちょっと違った。一度だけ見学したことのあるゴミ焼却炉の煌々《こうこう》とした炎や、母が「空気の通り道を作るのがコツ」と言っていた、子どもの頃の実家の風呂焚《た》きの様子を思い出した。そして、妙に「この人、積極的に焼かれている」と思えたりした。

二体とも、火葬時間は一時間ほどだった。吉田さんの緊張が続いていることを真横に感じ、あっという間に過ぎた感があった。「臭い、感じるでしょ」と言われたが、覚えがない。それを感じる余裕が私にはなかったのかもしれない。

火葬完了後、吉田さんは台車ごと「前室《ぜんしつ》」と呼ぶ、炉前と火葬炉の間の空間へ移動させた。サウナの中にいるような熱気を感じたが、骨に触れても火傷《やけど》しない程度を目安に、十分ほど自然に冷ますのだという。「熱っ」という感じでなくなると、台車上の五徳を取り除き、散らばった骨を火箸《ひばし》で拾い集め、人体標本のように整えた。「整骨」というのだそうだ。

「手を加えるのがいいのか悪いのかわからんのやけど、ご遺族は整ったのを見るほうがショックが少ないでしょ」

火箸で骨をはさみながら、吉田さんが言う。遺族には、その後に「火葬が終わりました」と告げられた。

一段落してから、「私に気分悪くないかと気遣ってくださったのは、吉田さん自身に最初のうち恐怖心とかがあったからですか」と聞くと、吉田さんはこう答えた。

「僕に恐怖心？　特になかったなあ。たとえば『おくりびと』の職種の人やったら、ご遺体を触るわけやから怖いと思って当然やと思うんやけど、僕らはご遺体に直接手で触れることはないもんね」


「きれいに焼く」


その日、後片付けが終わった後、亀山さんが話を聞かせてくれた。

「僕は、火葬場は遺体の処理工場にならなアカンと思ってるんです」

いきなり過激な言だ。「そう思わなきゃ、やっていけないということですか」と聞くと首を横に振り、「全然違う」とつぶやいた。

「火葬は機械の運転の技術の側面が大きいってこと。わかってもらいにくいかもしれないけど、機械を上手に運転すること、つまり黒煙を出さずにまんべんなくご遺体を燃焼させることが、自《おの》ずとご遺体をきれいに焼いてあげられることにつながるということですね」

やはり「きれいに焼く」という言葉が出てきた。

そう言うと亀山さんは、自作したというA4用紙四十枚から成る「火葬場従事職員研修資料」を見せてくれた。炉が「向流燃焼方式」であることや、冷却用空気送風機との位置関係、ダクトと集塵機にダイオキシン除去機構として触媒が付いていることなど、機械の説明をしてくれる。私には難解だが、これを駆使して完全燃焼させることと、つまり優秀な「遺体の処理工場」となることが、「遺体をきれいに焼く＝弔いになる」という意味だと察せられた。

ふいに寺山修司の詩「昭和十年十二月十日にぼくは不完全な死体として生まれ、何十年かゝって、完全な死体となるのである」（「懐《なつ》かしのわが家」）というフレーズが頭に浮かんだ。そして、完全な死体はその後、完璧《かんぺき》にきれいに焼かれるのが筋だ、など思った。

「もっと言うと、ご遺体をきれいに焼くには、棺の中はご遺体だけにするのが理想やね。ドライアイスや副葬品をたくさん入れたくなるのは、ご遺族の心情としてわかりますよ。でも逆に、故人のことを思うなら入れないであげてと思う。副葬品を除けるときに、どんなに注意してもデレッキで体を傷つけてしまうこともあるし、焼骨に黒や紫の色が付くのが花や日用品など副葬品の色の場合もあるから」

瑞江葬儀所の森田さんも副葬品が邪魔になると言っていたが、この言葉には説得力があった。

「操作盤付きの火葬炉だからといって、全自動ではないんですね?」と確認する。

「ええ。マイコンとか付いてる最新の火葬炉はほぼ全自動みたいですが、うちのは濃度センサーしか付いてないから、最新のが新幹線だとすると、ローカル線の特急を運転するようなもの」との答えだった。

「一体一体違うさかいに、大きい火にするか小さい火にするか、まず火力調整をし、ご遺体の状態と炎の色を総合的に判断して、タッチパネルで四か所の弁の開閉、炉圧の調整などの操作をするんですね。炎の色と一口に言っても、七段階の目安があるんです。淡暗赤色五百二十度、暗赤色七百度、赤色八百五十度、輝赤色九百五十度、黄赤色千百度、白赤色千三百度、輝白色千五百度。ぱっと見ただけでは違いがまずわからないでしょうけど。煙も、黒煙が上がると不完全燃焼、青いと空気の不足、白いと空気の過剰供給……といろいろあるわけです。煙を出さないできれいに焼くのが、我々の技術です」

私が「オレンジとも赤ともつかない鮮やかな」としか認識できなかった炎の色を、細かく識別して作業していたとは。制御装置付きの炉とはいえ、目視し、かつ科学的・工学的な運転が必須なのだ。しかも「一体一体違う」のはもっともで、「脂肪分が多い、少ない」が燃焼に大きく影響する。「豚肉を焼くのと同じ」と亀山さんが言うように、温度が上がるにつれて脂肪は脂《あぶら》に変わる。瞬時にして総合判断し、作業しているのだ。

「それなら、火葬中に遺体に思いを馳《は》せるようなことはないんでしょうね?」と尋ねる。すると亀山さんの顔つきから明るさが失せ、「わかってないね」と言いたげな表情になった。

「ご遺体を人やと思ってたら、自分の気持ちが持たないんですよ」と抑揚のない声で言ってから、「けど一方で、こうも思うんですよ」とゆっくり続けた。

「うまいこと言われへんけど……、みんな、どんな家に生まれるか選べずに生まれてきて、人生がはじまる。そして辛《つら》いことも楽しいことも経験して一生が終わる。その人が火葬炉の扉を越えたら、家柄も血筋も辛いことも楽しいことも、全部一緒に過去になる。お金持ちも貧乏人も、名声のあった人もなかった人もみんな平等に全《すべ》てが無になる。骨になり、灰になるって」

その思いは、実は「この仕事の志望動機と同じ」で、「一九九六年の夏、恐山《おそれざん》からの帰りに、車の中でずっと考えてたこと」なのだと明かしてくれた。

「僕ね、もういやや、人生やめよ、と思って片道切符のつもりで東北へ行ったことがあるんですね。三十七歳のときやったか。でも、恐山で、人のためになることをしてもう一回生き直そうと決意したんですよ。で、火葬場に勤めようと」

ライフストーリーを聞かねば、意味がわからない。

地元の出身。大阪の専門学校で土木を学び、現場砕石の会社に勤めた。一庫《ひとくら》ダム（兵庫県）や黒部ダム（富山県）等に赴任し、製造管理を担当した。専門性を生かす緻《ち》密《みつ》な仕事だった。しかし、「狭い世界」と思えてきた二十代後半で退職して地元に戻った。JRの線路の保守の職につく。女優を目指す司会業の女性と最初の結婚をした。その妻の影響で、仕事の傍らライフワーク的に劇団公演を自主企画する日々を送ったのだという。

「手掛けた一つに、火葬場を扱った浅利香津代さんの一人芝居『釈迦内柩唄《しゃかないひつぎうた》』があったんです。舞台に涙するって初めて。ものすごく感動したんですよ。それから火葬場をなんとはなしに意識するようになった……」

『釈迦内柩唄』は水上勉の戯曲で、「釈迦内」とは秋田県の花岡鉱山近くの在所の実名である。その地で家族代々がつましく生業としてきた、小さな「焼き場」が舞台だ。花岡鉱山での過酷な労働環境に中国人労務者が蜂起《ほうき》し、弾圧された「花岡事件」も題材としている、戦時中の物語だ。「超簡単に言うと」と、亀山さんが、物語の要点を説明してくれた。

焼き場の家族が、花岡鉱山から逃げてきた強制連行の朝鮮人と親しくなる。その朝鮮人が憲兵に見つかり、殺される。焼き場の家族は、朝鮮人だからと分け隔てせず遺体を焼く。焼き場の裏に咲き誇るコスモス畑があり、歴代この焼き場で焼いた大勢の人の灰が撒かれている。その朝鮮人の灰もそこに撒かれる――。

「水上勉のお父さんは、福井県で土葬の穴掘りをする『一日隠坊《おんぼ》』と呼ばれる仕事をしていた人やった。そういうことも下敷きにあってこの戯曲を書いたと思うんですね。本来、尊ばれていい仕事やのに、差別されるってどういうことや、弔うってどういうことや、と胸を突かれる話です。いや、でもこのお芝居は（自分が火葬場を意識した理由の）後付けですね」

後に不本意な離婚を強いられ、子どもとも別れを余儀なくされた。亀山さんは絶望感に打ち拉《ひし》がれ、死に場所を求めて東北へ車を走らせたのだそうだ。「生誕百年」で沸いていた宮沢賢治記念館と、高村光太郎の旧居、三内丸山遺跡に立ち寄った後、恐山に行き着いた。

「恐山の入り口を入って、イタコさんの店が並ぶ先をふらふらと歩いて行くと、あの世をイメージした庭を巡る散策路があって、その前に石碑が立っていたんです。正確な文言は覚えてないけど、『生きている間、自分は存在しない。死んで、生きている人の心に入ってから、生きていたと世に証明される』。そういう意味の開祖の言葉やった。読むなり、僕、全身に衝撃が走ったんです。今、自分から死なんくても、死はいつか必ず向こうからやってくる——みたいな。そうや、何もわざわざ死ぬことないやろ。僕の人生まだこれから長いんや。（心情的に）死の淵《ふち》まで行った僕が、これから死ぬまでに出来ることって何やって。そしたら『人生最後の死の淵から世の中を眺める仕事や。火葬場や』と、ふつふつと思えてきたんですね」

「あの世の入り口」から踵《きびす》を返し、弘前《ひろさき》の床屋で、長かった頭髪を「坊主《ぼうず》頭」にした。

そして、千二百キロの車中、「火葬場の面接でこの志望動機をどう表現したらわかってもらえるやろか」と繰り返し考え、ふるさとに戻ったというのだ。

直行したハローワークで「火葬場を志望する人なんて初めてや」と言われたが、頼み込んで問い合わせてもらうと、偶然にも欠員が出て後任を探しているところだった。面接で「ほんまにできるの？」と何度も聞かれたこと、弟の妻に「そんな仕事をするの、やめてください」と懇願されたことを覚えている。「それに」と、亀山さんは一呼吸置いてからこう言った。

「勤めて少し経《た》ったとき、家の近所の人から『気に入らん。亀山をやめさしたる』と、施設管理者の人事課に電話がかかってきたんですよ」

六十代の男性だったそうだ。その人にとっては、隣人であることすら〝汚《けが》らわしい〟職業だということか。あるいは、被差別部落の人たちが担《にな》ってきたとされがちな職業ということに関した忌避感か。

「閉鎖的な小さな町だから、微妙ですね。骨上げのときに『オンボさんと喋ったらあかん』とあからさまに言うご遺族も未《いま》だにいるし。いい気持ちはしないけど、もう慣れましたね。逆に僕はそういう差別の目を持った人のほうこそ、かわいそうな人やと思う。火葬場へは、お葬式で弔問に来た人たちにさんざん気遣いした後、身内だけで来るからでしょうか。こちらがちゃんとやってても、言葉遣いが悪いとか服装が悪いとか、難癖をつけて怒る人が多いんですよ。喫煙を注意したら逆ギレされたこともある。それもこれも、僕らを一段下に見てはるからやろね」

大先輩たちの経験値を盗みながら火葬技術を習得していったが、十年ほど前、市役所で冊子『環境斎苑』を見かけ、発行元のＮＰＯ法人日本環境斎苑協会（川崎市）が火葬従事者の情報交換会を開いていると知った。自費で参加すると共に、同協会が実施している通信教育で火葬の歴史や燃焼のメカニズムなどを学び、「火葬技術管理士」資格を取得したのだという。

「都会と違って、年間九百件ほどのうち、直葬（葬式などの儀礼をせずに、病院など死亡場所から火葬場に直行して火葬する）は一件あるなし、生活保護で引き取り手のない方も一件あるなしです。でも、ご遺族に手厚く葬《ほうむ》られるご遺体と、そうやないご遺体の差は、背が低い高い、痩《や》せている太っているの差と同じようなものや――と思うように意識的にもっていっています。直葬も引き取り手のない方も、ここで僕らが心を込めて火葬したら、ちゃんと送れると思うので」

二日間にわたって取材させてもらって、亀山さんはある程度心を許してくれたと思う。ふとこんなことも教えてくれた。

「女の人にこんなこと言うとアレかもしれへんし、興味本位にとられたらイヤなんやけど……、男性の遺体は、火が入ると、みんなアソコがすくっと立つんですよ。温まって血流が集まるからなのか、よくわからなくて、謎《なぞ》やけど、若い人もお年寄りも炎の中で勃起《ぼっき》して、それから焼けて形がなくなっていくんですね。それに、女の人で乳房の大きい人はずるっと表皮が一気に剝ける」

男は最後まで男で、女は最後まで女だということなのか。いや、感覚的にとらえてはいけない、それは単なる現象だと、私は自分に反論した。

最新の火葬炉であっても

「点火した瞬間から、中にいらっしゃるのは人間じゃない、仏さんだと思って、仕事しています」

そんなふうに話してくれたのは、千葉県浦安市斎場の責任者、鈴木悟さん（六〇）だ。最新の火葬炉を備える火葬場の人にも仕事の実感を聞きたいと、やはり友引休業日に訪ねた。浦安市斎場は、東京ディズニーランドのほど近くに二〇〇五年、式場を併設して開設され、美術館のような佇《たたず》まいだ。白が基調の館内には随所に観葉植物も配され、瑞江葬儀所や亀山さんの勤務する火葬場よりもはるかに洗練されている。

だが、遮熱扉の向こう側、炉裏に足を踏み入れると、小窓のついた機械があり、天井に続くダクトがある構造は同じだ。先の森田さん、亀山さんは「きれいに焼く」と言ったが、鈴木さんの口からは「仏さん」という言葉が出た。表現の差はあっても、職人としての遺体へのリスペクトも同じだ。

私が知りたかったのは、「ほぼ全自動」と聞き及ぶセンサー付きの最新の火葬炉では人力が必要ないのかということだった。

「バーナーから出た炎が、ご遺体の下を通って足元まで伸び、先の断熱扉に当たってご遺体の上をUターンしてくる『交流式』という特殊な構造になっています。基本的にデレッキは使いません。熱効率よく焼くための温度と圧力の自動制御がついていますから。ただし、機械をフォローするのは人間です」

ここでは、亀山さんたちが行っていた、小窓からの燃えゆく遺体の目視が必要ではなく、注視するのは操作盤に尽きるのかと思ったが、それは半分正しく、半分早合点だった。

温度や圧力が順調に上がっていかない場合、あるいは上がり過ぎた場合、ここでは「スコープ」と呼ぶ小窓を覗く。それは「眼鏡のフレームがお骨にくっついた」ときであったり、「化学繊維の衣類などから、赤と黒が混じったような油炎が飛ぶ」ときであったりする。自動制御のままでは修正できないと判断すると、温度と圧力を調整し、バーナーの角度及び遺体の載った台車ごと前後に移動させる「尊厳装置」のスイッチを押す。ただし、三十分を経過した頃から「例えば骨粗鬆症《こつそしょうしょう》の方なら、骨が粉々になってしまいかねない」ため、目視をし、こまめな調整が必要になってくるという。「ちゃんと燃焼していますよ、という操作盤の数値だけに頼っていては、骨の形が崩れてしまうんですね。ご遺族の心情をお察しし、遺骨を残すために努力するのが火葬です」

鈴木さんは、質問したことに対してのみ応えてくれる。聡明《そうめい》な人という印象だった。

「いつからこの仕事をしているのですか」

「五十一歳、ここの開場からです」

元は、石油化学製品を扱う商社勤務を経て、生鮮スーパーの共同経営者だった。生きていたら今年三十八歳になる娘を十七歳のときに交通事故で亡《な》くし、「坊さんになろうか、それとも……」と思ったのだと重い口を少しだけ開いてくれた。そして、「亡くなった方々の教えがあるから、我々は生きていられると思う。火葬炉にお見送りするとき、『お疲れさまでした。どうぞご遺族の健康と安全と平和を守ってあげてください。よろしくお願いします』と一礼して、敬意を表します」と、おそらく意識的になだらかな口調で職域の話を続ける。そこに、万感の思いがこもっているように感じた。

火葬炉四基、三人の職場である。他の火葬場同様、ローテーションを組み、火室と炉前の両方を担当する。毎朝、機械に「おはようございます」、終業後電源を消して「お疲れさまでした」と手を合わせるのだそうだ。「これほどに美しい火葬場では、利用者から心ない言葉を浴びないのでは?」と質問した。

「いいえ。会葬者から『見下されている』という目は感じますよ。『あなたに死霊はついてない?』と尋ねられることがあります。その方が何を思って聞いてこられるのかわからないので、私は全否定しないで自分自身でへりくだることにしています。『あそうですね。私、元々肩こりですから』と答えておくんです」

取材を終えて、美術館のような建物を眺めながら一回りした。建物を囲む緑も清々《すがすが》しかった。その一隅に、高さ三メートル、二メートル四方ほどの白い建物があった。火葬で出た灰を保管する「慰霊塔」だった。

亀山さんの勤める火葬場でも、「炉裏」の四隅に茶色いセメント袋のような袋が大量に積まれていた。その中を覗《のぞ》いて私はかなり驚いた。さまざまな形をした無数の「骨」だったのだ。

骨上げのやり方が、関西と関東では異なる。亀山さんが調査したところ、名古屋と金沢を結ぶ線を境に、東では全部の骨を拾う（全骨拾骨）が、西では喉仏など主要な骨しか拾わない（部分拾骨）。骨壺も東は「七寸」（直径約二十二センチ×高さ約二十六センチ）だが、西は「四寸」（直径約十三センチ×高さ約十四センチ）と呼ばれるものが主流である。亀山さんの火葬場で「拾わなかった骨」がたくさん出るのは、考えてみれば至極当然だ。東日本の火葬場でも灰は残る。これらはどこに行くのか。

「残骨も残灰も、産業廃棄物でも一般廃棄物でもなく、法律的には石ころと同じ自然物ですからね。昔はどこの火葬場でも場内に捨てて、慰霊塔を建てていましたが、今は引き取り業者が定期的に取りに来てくれます」（亀山さん）

「残骨灰」というそうだ。亀山さんの火葬場では、入札した神戸の業者に引き取られる。業者によって、ふるいのような機械にかけられ、副葬品から出た金属片などが除去される。サラサラの骨粉となるらしい。その後、石川県や山梨県の寺院に運ばれて合祀《ごうし》されると、亀山さんは教えてくれた。

なお、欧米には、骨上げの習慣がない。遺族は遺体を火葬場に運ぶと、帰宅する。遺体は、火葬場の都合のよい時間に火葬され、遺族は二〜三日後に「灰」を受け取る。「遺骨」を和英辞典で引くと「somebody's remains」「somebody's (funeral) ashes」。

遺骨にこだわるのは、日本ならではのようだ。

二〇一三年九月十二日、私は能登半島の西北側にある曹洞宗《そうとうしゅう》大本山總持寺《そうじじ》祖院（石川県輪島市）にいた。金沢駅から、ＪＲ北陸本線と「のと鉄道」とバスを乗り継ぎ、里や山のたおやかな景色を見やりながら二時間半ほどで着いた。赤い欄干の小橋を渡って山門をくぐると、老松が茂る二万坪もの広大な境内が広がる。鎌倉時代の創建で、明治時代に鶴見總持寺（横浜市鶴見区）に大本山が移されるまで、福井県の永平寺と共に曹洞宗のトップだったという古刹《こさつ》だ。

午後一時、荘厳《そうごん》な本堂で「平成二十五年度全国火葬場残骨灰合同供養会《くようかい》」が始まった。北海道、東京、静岡、神戸などの残骨灰処理業者七社の団体、「自然サイクル保全事業協同組合」が主催する、文字どおり全国の火葬場から出た、遺族が持ち帰った以外の骨と灰の供養会である。

一人の年輩僧侶《そうりょ》が開会の辞のような言葉を恭《うやうや》しく唱えると、次々と黒の仏衣に黄色や茶色の袈裟《けさ》姿の僧侶が現れた。ざっと数えて五十人以上だ。「如来神力品《にょらいじんりきほん》」という経典が詠《よ》まれ、鈴《りん》が力強く打ち鳴らされた。そして僧侶たちが列をなし、跪《ひざまず》いて頭を下げたり立ち上がったりしながら本尊の前の空間をぐるぐる回る光景に息を呑《の》んだ。

「行道《ぎょうどう》」という「御勤め」だそうだ。
壁際《かべぎわ》にずらりと並べられた椅子《いす》に座り、手を合わせる同組合関係者や一般参加者は九十人ほどいた。ほとんどが喪服や黒いスーツ姿で、普段着の人は少数だ。御勤めは約四十分間続き、その間に「本日はお参り、ありがとうございます」と放送があり、焼香盆が回された。終わると「供養塔へ移動してください」と案内があった。
私も、ぞろぞろと移動する一人となる。境内の奥の一角に「全国火葬場残骨灰諸精霊永代供養塔」「平成十二年三月十八日建立《こんりゅう》」と書かれた碑が立ち、私の肩くらいの高さの台座の上に、青銅製の観音像の立ち姿があった。柔和な顔つき、姿かたち。左手に蓮華《れんげ》を持ち、下げた右手は親指と人差し指で印を結んでいる。近くにいると、半眼の目にこちらが注視されているような、不思議な感覚に陥った。この観音像の前で再び僧侶が読経し、列をなした関係者や参加者が順に焼香をする。

居合わせた、六十代後半と見受けられる夫婦に「毎年来られるんですか」と声をかけてみる。二人で顔を見合わせ、戸惑った様子で「いえ。春に息子が交通事故で亡くなったので」と答えた。近県から来たという。

「火葬場で全部の骨を骨壺に収め、可能な限り灰も収めましたが、息子の全《すべ》てではないでしょう？　役所の人がここを教えてくれました」

埼玉の葬儀業者だという三十代の男性は、「ピンセットでもはさめない骨のかけらがたくさん出るので、行方を確かめたくて来ました」と話してくれた。

観音像の左手、地面の下に、約七メートル四方のカロート（骨灰を収納するコンクリート製のスペース）がある。午前中、その中に一年分の残骨灰が収められたという。

神戸の業者らが一九九四年、神戸商工会議所に「裏方の生業と思われがちなイメージを払拭《ふっしょく》したい」と相談したのが、この供養会の第一歩だった。難民の定住促進センターに求人に行かなければならないほど、人が集まらなかったからだ。経営指導員に、「墓埋法（墓地、埋葬等に関する法律）に鑑《かんが》みて残骨灰の適切な処理をして、業界のイメージを変えるように」とアドバイスされ、同業者に呼びかけて、翌九五年に「倶会一《くえいっ》處《しょ》」という会を作った。阪神淡路大震災の後だ。倶会一處とは、誰もが浄土の仏たちと出会うことができることを意味する仏教用語である。その会が発展し、厚生省認可協同組合となった。縁あって浜松市内の寺院で五年間、供養会を試みた後、より荘厳な雰囲気を求めてこの寺と埋葬契約を結んだ。二〇〇〇年からこの供養会を開催している。

ここに永代供養される残骨灰は、年間数十万人分を数えるそうだ。瑞江葬儀所や浦安市斎場から出た灰も、亀山さんの火葬場の炉裏に積まれていた骨も、混じっているのだと思うと感慨深いものがある。

その日、供養塔の観音像の前に佇むと、夏の終わりを告げるツクツクボウシの鳴き声がいつまでも聞こえた。

第六章　「超多死社会」に向けて

団塊の世代が八十歳代になる二〇二七年以降、「大量死」の時代がやって来る。二〇一三年の死者数は約百二十六万八千人だが、国立社会保障・人口問題研究所によると、二〇三〇年には二七パーセント増の約百六十一万人、二〇四〇年には三二パーセント増の約百六十七万人が亡《な》くなり、大量死のピークとなると推測されている。

死亡者が増えると葬儀件数が増える。しかし、現在一兆六千億円といわれる葬儀業界の市場規模が拡大するのか、葬儀業界人が増加するのかといえば、そうとは考えにくい。すでに家族葬、直葬が増え、葬儀にお金をかけない傾向にあるのはご承知のとおりだ。

「密葬を温かいイメージに置き換えたのが家族葬ですが、明確な定義はなく、現在、会葬者数二、三人から八十人くらいまでに拡散しています」

と、「直葬」の名付け親である葬送ジャーナリストの碑文谷創《ひもんやはじめ》さんは言う。

「今後は、高齢単身者や、高齢期を共に過ごすのが肉親に限らないというケースの増加によって〝家族〟の概念が変わり、従来の家族中心から血縁を超えた近親者を中心とした葬儀へ移行するとも考えられます。葬儀の簡素化に興味を持つ世代のトップが六十代、二位が七十代、三位が五十代。皆、『子どもに迷惑をかけたくない』と口を揃《そろ》えますから、当然、小規模化が加速するでしょう」

今後、平均寿命が延びて死亡年齢が上がると、医療、介護、住まいなど高齢期を生きるために必要な支出が優先され、ますます葬儀費用まで手が回らなくなることも必至である。小さな葬式の施行に、多くの人手は不要だ。経済産業省が二〇一二年冬に行った調査「安心と信頼のある『ライフエンディング・ステージ』の創出に向けて」によると、約七割の葬儀が葬儀専用の会館で行われ、葬儀費用（宗教者への費用を除く）は五十万円以下が六一・一パーセント。会葬者は五十人以下が三五パーセント、五十一～百人が三二パーセントとなっており、六七パーセントが百人未満である。

葬儀業界の業界誌「月刊フューネラルビジネス」編集長の吉岡真一さんも厳しい見解だ。「確実に言えるのは、葬儀会館ビジネスが過渡期にきていること。高齢の親を、家族四～五人で見送るのに、葬儀会館が必要でないと考える人が増えると思います。今も全国に毎年二百以上の新しい会館が出来ていますが、ほとんどが小型です。今後はさらに小規模化され、葬儀会館自体のあり方も変わり、キツくなっていくでしょう」

現在、葬儀社は保険、外資、流通など異業種からの新規参入を含め全国に八千社あるとされる。二〇〇九年に「イオンのお葬式」が始まり、葬儀の一品一品の価格が明確にされた上に僧侶《そうりょ》の派遣、定額制の布施も表示し、物議を醸《かも》した（布施額の提示は、仏教界からの批判等により、その後取りやめられた）ことが記憶に新しい。もっとも、「イオンのお葬式」は、実際の施行は全国に四百五十社あるという特約店が担当する。「（葬具や社員を）遊ばせておくよりはマシだと特約店契約をしたが、利益は薄い」と経営者数人から聞いた。業界の先細りが懸念《けねん》される中、葬儀社やその周辺の業界に、どんな新しい動きが出てきているのか。キーワードは、「一日葬」「合理化」「感動化」のようだ。

「尊厳あるシンプルなお葬式を」

二〇一四年九月七日、日曜。小雨が降るあいにくの空模様にもかかわらず、川崎市川崎区の家族葬会館「ダビアスリビング川崎」に、次から次に人が押し寄せていた。

前日にオープンし、お披露目会の二日目である。

入口前のスペースにはテントが張られ、「旬《しゅん》の野菜　詰め放題祭り　14時〜じゃがいも」と書いたボードが立っている。私が着いたのは正午前だったが、「何時から並んだらゲットできますか」と、スタッフに聞く人が絶えない。白を基調に、壁面にはモスグリーンのタイルが映える館内に入ると、扇風機や商品券が当たるという抽選器も目にとまる。一階の五十平米ほどのホールに、白やピンクの百合《ゆり》やトルコ桔梗《ききょう》が満杯の花祭壇と棺が置かれ、「すべての方に尊厳あるシンプルなお葬式を」と小さく書いたボードが立てかけられていた。

二階には、テーブルを置いたダイニングルーム、ソファも大画面のテレビもマッサージチェアも備えたリビングルーム、琉球《りゅうきゅう》畳敷きの六畳の和室があり、まるでモデルルームのようだ。スタッフの「一日一家族限定ですから、気兼ねなくお泊まりいただくことができ、ご自宅と同じようにお過ごしいただけます」との説明に、「ほんとだね。うちの何倍もきれいだわ」「三世代旅行に行ったときのホテルみたいだ」と感心する人たちがいた。スマホで写真を撮っていた中年の男性は、「義母がそろそろ覚悟しなくちゃならない段階なので。家内と一緒に見に来たかったんですが、病院に行かねばならず来られなかったので、家内に見せようと思って」と言った。

背中に「家族葬ダビアスリビング」と大きな文字が入ったTシャツ着用のスタッフに「近くのベーカリーの焼きたてのパンをどうぞ」と促された。見晴らしのいい三階に上がり、ぴしっとクロスが敷かれたテーブルで、クリームパンとソフトドリンクを口にした。

「確かに落ち着ける空間ですね」

やっと手が空いた広報担当の田尻めぐみさん（二七）に声をかけると、

「おかげさまで好評をいただいています。昨日は二百十五人がご来店されましたが、今日はそれを追い越す勢いです」

「どうやって告知したんですか」

「近隣にチラシ八万部を、新聞折り込みしましたが、『なんかやってるね』みたいな口コミでの来場が多いようです。昨日も四回、野菜の詰め放題イベントをして、百人以上の列ができました。開始時間になるとアッという間に〝売り切れ〟たんですよ（笑）」

認知度を上げたい――と、無料の品物を配って広く館内を開放する、こういった葬儀会館のオープニングお披露目日会はそう珍しくない。全国的に近年の流行だ。

新規に葬儀会館を建てようとすると、近隣住民らから反対運動が起きる。閉館する他社の葬儀会館を買い取り、リニューアルして新しい名前を付けて開館するケースが多いが、ここ「ダビアスリビング川崎」もそうだ。川崎市営の火葬場近くの葬儀会館に本社を置く株式会社神奈川こすもすが、「ダビアスリビング」の名をつけた三つ目の直営の家族葬向け会館として、鶴見（横浜市鶴見区）、磯子（横浜市磯子区）に続き開館した。

「月刊フューネラルビジネス」編集長の吉岡さんが「全国に毎年二百以上の新しい会館が出来ている」と先述した、そのうちの一軒だが、葬儀ホールと控え室だけの設置が一般的な中、リビング・ダイニングルームの併設と、「一日葬」つまり通夜《つや》を省いて告別式だけを行うことが可能なのが、ここの〝売り〟である。「ダビアス」とは、「明日、荼毘《だび》に付す」をもじり、「アス」は「US＝私たち・家族たち」の意味も重ねている。会館名であると共に、シンプルな葬儀プランのことを指す。

同社は、二〇〇九年に「棺＋骨壺＋諸手続き代行＋火葬場案内一名」を基本とした直葬のプランを設けた。当初、料金はわずか九万千五百円。今では同様の料金の直葬プランを何社かが打ち出しているが、十万円を切る価格はおそらく唯一無二《ゆいいつむに》。これに、移送、安置、面会、花などが必要な場合は、個別にそれらの価格を〝足し算〟する料金体系だった。面会室での一時間程度の告別式などを付けた一日葬「家族でお別れプラン」二十五万円も打ち出した。

同社社長の清水宏明さん（四二）は言う。

「実は、直葬が話題になりはじめた頃、それは葬儀じゃなくて、遺体の処理に過ぎないというイメージでとらえていました。でも、『三十年以上、音沙汰《おとさた》のなかった叔父が亡くなった。他に身寄りはいないので、自分がお葬式をしなければならないのだろうか』という相談を受け、考え込んだことがあったんです。遺体を単に処理するだけでいいと思っているわけではないが、ふつうのお葬式をしたいのかといえばそうでもない。直葬に近い、ご遺体を大切にする気持ちを込めたお別れの選択肢が必要だと思ったのが、ダビアスを考えた直接のきっかけです」

横浜の老舗《しにせ》葬儀社の次男で、大学卒業後、父の会社の社員として六年間働いた後、二〇〇一年に独立して神奈川こすもすを設立した。葬儀の返礼品の取り扱いからはじめ、〇三年に葬儀業の看板を上げた、曰《いわ》く「新興の葬儀社」だ。さらに、ダビアス考案の背景にはこんな潜在的背景もあったという。

「実家の葬儀社で一般葬の現場を数多く経験する中、お通夜が終わった夜九時頃から、『清水さん来てよ』と呼ばれることがときどきあったんです。ホールに行くと、お身内が集まって、和気あいあいと故人の生前の思い出話をしてらして、『清水さんも聞いてよ』とおっしゃる。深夜までおつきあいしました。お通夜でご遺族は会葬者やお坊さんにぺこぺこ頭を下げて気を遣わなきゃいけないから、故人を偲《しの》ぶ時間がない。会葬者も宗教者もいないお通夜の後の時間こそ、本当のお葬式じゃないかと思えてもいたんです。それに、弊社は十年ほど前から『事前相談』を行っていますが、質素なお葬式をしたいと希望する方が多い。ところが、五十人用の式場を使って家族数人でお葬式をすると、どうしても寂しくなっちゃうんですね」

清水さんは、直葬と家族葬の中間のシンプルなお葬式を望む人たちのニーズに合うものを、葬儀業界側が準備していなかったと気づいた。こうして、使い勝手のよいシステム「ダビアス」、心おきなく「ダビアスリビング」を利用する「ダビアスの一日葬」が誕生したのだという。

イメージしたのは、一日に複数組が利用する結婚式のチャペルだった。火葬場に近いという地の利を生かし、一日葬ならば朝、昼、夜の火葬の回数と同じ三件を施行できる。通夜と告別式をセットで行う一般的な葬儀の場合、午前に告別式を行ったその日の夕方に同じ式場で次の喪家の通夜を行う、業界で「どんでん」と呼ぶ慌《あわ》ただしい方法をとっても、施行は一日につき一件だけだから、三件の施行はずいぶん効率的だ。

諸事情で火葬まで日にちを要するときは、葬儀会館に併設した「フューネラルアパートメント」と呼ぶ安置室（保冷庫）で遺体を保管して利用料をもらい、出棺の前に一日葬を行えばいい。式進行をせず、家族が故人の周りに集ってお別れする形の一日葬なら、スタッフも運転手一人と出棺時の二人で済む。自社が所有する霊柩車《れいきゅうしゃ》を「遊ばせておく」時間も減る。シンプルな葬儀は、事業として合理的だと考えたのである。

清水さんは当初、こうした簡素な葬儀は低所得層が利用すると目算したが、開始すると弁護士や開業医らの利用が目立つという想定外のことが起きた。

「敢えて簡素な送り方を望む知識層、富裕層が、確実にいらっしゃいます。亡くなった人を簡素に送ることは、故人を粗末にすることとイコールではないのです。お葬式に最も大切なのは、故人のことを思う時間だと改めて認識しました」

必要なものを〝足し算〟してお葬式を組みたてる方式を採用して思い知ったのは、「故人一人ひとりの人生が違うわけだから、遺族がこだわるポイントも一人ひとり違う」ことだという。一四年からは、先の直葬のプランに、移送や安置などの変動費用を固定化させて含め、十五万円とした。

最も人気が高いのは、三十六万円の「告別式と火葬のみを行う一日葬プラン」だそうだ。これをベースに、宗教が必要だと思う遺族は宗教者を呼ぶ。故人の体を気遣う遺族は顔のメイクやエンバーミングを希望する。最後の衣裳《いしょう》に思い入れのある遺族は故人にドレスを新調する。骨壺にこだわる遺族は手焼きの骨壺を求める。そんな数々の個別の要望をプラスαの商品化につなげた。一日葬を含む「ダビアス葬」の支払額の平均は約四十万円。一般葬の百十万円、家族葬の六十四万円より相当安価だが、利益率は最も高いそうだ。

神奈川こすもすの年間葬儀施行件数約七百件のうち、約二百件が一日葬を含む「ダビアス葬」だという。同社は二〇〇九年から「儲《もう》けなし」で加盟店を募り、「0120」でかかってくる電話を集約して受ける形で全国展開に乗り出した。一三年には、北海道から沖縄まで四十社が「ダビアス」ブランドを提示し、一日葬などのプランを営業品目に加えた。しかし、神奈川こすもすの負担が大きくなってきたため、一四年四月にダビアスの展開部門を葬儀本体と切り離して別法人化し、目下は仕切り直し中である。いずれにせよ、地方差なく、ダビアスの利用者数は増加の一途をたどっている。

立体駐車場方式

一方で、こうした「一日葬」などのプランの多様化に加え、さらに「機械」によって「合理化」を押し進める施設も出来ている。

二〇一〇年にオープンした横浜市西区の「ラステル久保山」も、五階建て各階の窓辺に黄色やオレンジのガーベラ（造花）を品よく配した、葬儀会館らしからぬ会館だ。「ラステル」とは「ラストホテル」の省略で、「あの世に旅立つ人が、最後の一夜を過ごすホテル」の意味を込めたという。ここも少人数でじっくりと見送りたい向きを顧客層にした家族葬の会館で、二十人までの葬儀が行える式場が四つ設置されている。僧侶が常駐し、到着後すぐに枕経《まくらぎょう》を上げることができるのも特徴的だが、最大の〝売り〟は、遺族が二十四時間いつでも自由に面会できる、二階にある遺体の面会室だ。

面会室は、白壁に囲まれ、グリーンのカーペットが敷かれた三畳ほどの空間である。利用者はカードを渡される。そのカードを面会室の壁面に設置されている受付機に差し込むと、約四分でドアが開く。面会室と壁一つ隔てた先に、十八体収容の安置室（冷蔵庫）があり、自動搬送装置が設置されているのだ。開いたドアの向こうから、ステンレスのベッドの上に載った、故人が横たわる棺が面会室に運ばれてきて、目の前に現われる仕組みなのである。

私は、これを見て、立体駐車場の形式だ、いや、「立体駐車場以上」だなと思った。多くの立体駐車場は、窓口に係員がいるが、ここにはいない。誰にもひと言も発さなくて済むからだ。素っ気ないような気もするが、型通りの儀礼的な言葉などかけてほしくないという遺族の心情に沿っているようにも思える。

「住宅事情や家族関係の希薄化で、病院で亡くなった後、自宅に帰れない故人様が増えています。だからこそ、この建物の中に、安心してお任せいただける安置室を設けたいと考えました。安置室への出し入れに効率化を追求した結果、こうなりました」と、株式会社ニチリョク執行役員・ラステル事業部長兼久保山事業所長の田中修さん（四一）は言う。

「自宅に帰れない故人」は、最近では火葬場の都合からも発生する。都心部では火葬場が混んでいるため予約がなかなかとれない。横浜でも、亡くなってから火葬まで三日以上を要する状態が続いている。その間、遺体を自宅などに持ち帰り、常温で安置すると、ドライアイスをあてていても傷《いた》みの進行は免れない。「うちで預かります」と、どの葬儀社も言うが、もし遺族が見たらぎょっとするような倉庫や物置のような一室に放置されるケースがじつは少なくない。

また、遺体の冷蔵施設を備える葬儀会館はできてきてはいるが、保管中の面会は人手を要するため、時間帯が「午後二時から五時まで」などと決められ、予約が必要な場合がほとんどだ。ラステルは、この「自動搬送システム」によって、そんな不都合を解消すると共に、「尊厳ある遺体安置」の提供を可能にしたのだという。

面会室は、十人は優に入れる広さだ。常に生花が飾られていて、香炉もある。ふつうの葬式を営むにあたって、その前の何日間かを利用してもいいが、この面会室に近親者が集まって故人を囲むことで、葬式の代わりの「お別れの時間」を過ごすこともできる。「ラステル葬」と呼ぶこの形式は、いわば「直葬プラスα」だ。棺に花を入れて出棺となる。

遺体搬送、専属の僧侶による枕経、お化粧と納棺、棺、骨壺、火葬料（横浜市民）、案内スタッフ一人がセットされて計二十九万円。面会室を使った上で、別フロアの部屋で小さなお葬式を行う家族葬プランは五十二万六千円。道路向かいの三階建ての別館「セレハウス久保山」を一棟まるごと貸別荘のように一晩使って、翌日にお葬式をする「リビング家族葬」（六十九万円）を選ぶこともできる。

「とくに大きな宣伝もせず静かにオープンしましたが、この二年半で延べ利用件数は八百二十七件。自動搬送形式に驚く方はいても、抵抗感を示す方はおられず、好評です。現時点で、ラステル久保山、セレハウス久保山でお葬式をされるお客様の九〇パーセント以上が、ここでのご安置を選ばれています」（田中さん）

経営するニチリョク（東京都杉並区）は、九九年に墓石業から葬儀業に参入したジャスダック上場企業だ。この自動搬送システムは、同社が販売代行する「堂内陵墓」と呼ばれるお墓にも取り入れられていると聞いて、そちらも見学に行った。

ＪＲ総武線で隅田川を渡って一つ目、両国駅から、両国国技館と逆方向に歩いて五分ほどの地に大徳院がある。五階建てのビルの外観がおよそ寺らしくないが、一六八六年創建の由緒《ゆいしょ》正しい高野山真言宗の寺院だ。高野山を開いた弘法大師の「大」と徳川家の「徳」を合わせた寺名で、明治十八年まで徳川家の位牌所《いはいじょ》・祈願所だったという。大理石をふんだんに使った高級ホテル並みのロビーを入り、エレベーターで上がった三階に荘厳《そうごん》な本堂があり、本尊が安置されている。

仏教界の〝ニューウェーブ〟のような建物のこのお寺の二階と四階に、自動搬送形式の堂内陵墓「両国陵苑《りょうえん》」が備えられていた。ここの参拝方法もカード式だ。参拝口の入口に設置された読み取り機にカードをかざすと、ドアが開く。ほんの少し待っていると、カードが読み取った厨子《ずし》（骨壺を収納した箱）が納骨堂から搬送されてきた。

やはり、立体駐車場のようだ。

参拝口は数人が入れる広さで、固定された横長の墓石に水と生花が供えられ、香炉が備え付けられている。その墓石の中央に、自動搬送されてきた厨子があれよあれよという間にセットされ、個別のお墓になる仕組みだった。厨子にはふつうの墓と同様に「〇〇家」「心」などと刻字されている。

「手ぶらで、一年を通じて天候に左右されず快適にお参りしていただけます。郊外の霊園には年に二、三回しか行けなかったが、堂内陵墓を買い求めてから、気軽にたびたびお参りできるようになったとお喜びの声も聞いています」と、同社営業企画部の宮崎徹さん（五四）は言う。

ここには通常の寺院内墓地のような歴史的な雰囲気も、郊外霊園のような緑の景色もなく、「花と線香を持って」という従来の墓参りのイメージから遠い。しかし、確かに便利で、合理的だ。「いつもは手ぶらですが、今日、母の月命日なので、母が好きだった羊羹《ようかん》を持ってきました」という六十八歳の女性がいた。住まいは、自転車で十分の地。亡くなってもうすぐ二年、ほぼ毎週参りに来ているという。滞在時間一分半。線香を途中で消して、羊羹は持ち帰った。

これからは墓参りする者も高齢化する。ここはバリアフリー構造だから、車いす利用者も難なく参ることができ、「高齢者に優しいお墓」と言える。利用者の宗派は不問。厨子には八人分の遺骨が収納できる。無縁になった場合は合祀墓《ごうしぼ》に合葬し、永代《えいたい》供養《くよう》される。一式八十四万円と求めやすい価格も相まって、人気が出た。二〇一三年一月に販売を開始してから一年十か月ですでに約三千基を販売している。

ニチリョクは、これまでに文京区の「本郷陵苑」、横浜市の「関内陵苑」、名古屋市の「覚王山陵苑」、鹿児島市の「かごしま陵苑」の販売代行も行い、合計二万基以上の自動搬送形式のお墓を完売した。

「弊社から大きな宣伝はしていませんが、お寺さんからの問い合わせが増えました。本業が墓石屋ですから、お寺さんから建て替えにあたって相談を受け、ご提案する流れですね」（宮崎さん）

このほか、都内には他社が手がけるあと数か所の堂内陵墓もある。

「思い」を汲《く》み取る

「一日葬」「合理化」に続く三つ目のキーワード「感動化」は、株式会社アーバンフューネスコーポレーション（東京都江東区）が手掛けるお葬式から見てとれる。

私は豊洲《とよす》の真新しいビルの中にある同社を訪れた。英語の社名と「エンディングプランナー」「ｗｅｂプランナー」などの職種名、社員皆が若く、身の動きが洗練されているように見受けられたことから、ＩＴ企業のようだと思った。社長兼ＣＥＯの中川貴之さん（四〇）の前職は、ハウスウェディングを展開するブライダルの会社経営だった。

「あるとき部下の女性が、『お客様に頼まれていないことをしていいですか？』と聞いてきたんです。クレームが出ないことを念頭に置いていた僕は却下しましたが、彼女は引かなかった。それで、根負けしてＯＫを出した結婚式が素晴らしかったんです。結婚で幼稚園の先生を辞めることを、辛《つら》くて園児たちに言い出せなかったという新婦へのサプライズでした。式の途中に園児たちを招き入れると、小さな彼ら彼女らが『先生おめでとう』と新婦に駆け寄った。新婦はうれし涙をこぼし、会場が感動の渦に包まれました。そのとき、サービス業ってこういうことなんだと思ったのが、弊社の『感動葬儀』の原点です」

先輩と二人で立ち上げたブライダルの会社はわずか三年で上場させたが、追随する会社が多く現われた。先行き、結婚人口は減少する。片や、死亡人口は増加の一途だ。「悲しみの中で型通りに行われている葬儀は、サービス業として伸びしろが大きい。

今後のビジネスとして面白くなるに違いない」と、二〇〇二年十月に同社を立ち上げ、十一年間で社員八十八人、年間千八百件を施行する葬儀社に急成長させた。結婚式での演出にも通じる、「サプライズ」を取り入れた葬式を得意としている。

「葬儀会場の一部に本物さながらのギャラリースペースを設けて、故人様が趣味で描いておられた水墨画を三十点ほど本当の個展のように展示したのが、お葬式でサプライズをした最初でした」

年配の男性のお葬式だった。打ち合わせの余談で、奥さんから故人の趣味が水墨画だったと聞いたので、「お葬式に飾りましょう」と提案し、作品を見せてほしいと頼んだ。

数枚が出てくるだろうと想像していたところ、奥さんは段ボール箱にいっぱいの作品を出してきた。いずれも玄人《くろうと》はだしのレベルに見えた。これだけの数を描いているなら、故人は発表の場を持ちたかったのではないかと考えたのだという。

葬儀会場に「思い出コーナー」を設置し、故人の趣味の品を展示するのは全国的な昨今の流行だが、中川さんの演出はその比ではない。「〇〇〇〇（故人の名前）水墨画展」と書いたボードを作ってギャラリースペースの入り口に置き、作品は表装して展示し、一点ずつ間接照明を当てた。式場に足を踏み入れた奥さんは驚き、「個展を開くのが主人の夢だったんです」と喜びの涙を流されたことが、中川さんの心の根っこにある。

一方で、葬儀を終えた人たちにヒアリングすると、「お花は、故人の好きな種類を選びたかった」「故人の好きな曲を流したかった」など、小さな不満が多いと気づいた。そんな不満が出ないように、「その人らしいお葬式」を演出したいと意気込むが、打ち合わせ時に遺族に「どんなお見送りをしたいですか」と尋ねてもポカンとされるばかりだった。

「そりゃそうです。お客様は悲しくて思考が停止している状態のときですから。じゃあ聞くのをやめて、私たちが打ち合わせ中に、故人様とご遺族の思いを引き出し、形にしてさしあげたらいいんだと考えたわけです」

しかし、言うは易《やす》く行うは難し。故人はパチンコが好きだったとわかっても、家族もそれを良しとしていたのか。故人と家族の関係性も重要な鍵《かぎ》になる。現場だけの判断は危険だ。打ち合わせ担当者の「企画立案」を葬儀の前に社内でプレゼンし、数人の意見を吸収してから表現方法を確定するルールをつくった。

競馬が趣味だった人の棺に競馬新聞と当たり馬券を山のように入れ、出棺をＧⅠレースのファンファーレで見送った。最愛の孫の結婚式を楽しみにしていたが間に合わず逝《い》った故人には、孫と婚約者にタキシードとウェディングドレス姿の写真撮影を急いで手配し、その写真を引き延ばして棺に入れたこともある。同社には、遺族から「感動しました」の声が毎日のように届くという。

「私は、式場の入り口に、お饅頭屋《まんじゅうや》の店先をイメージした一角を設営しました」

印象深かった担当の葬儀について話してくれたのは、同社「ウェディングプランナー」だった長谷川知子さん（二七）だ。二年前、九十七歳で亡くなった川崎市の饅頭屋の女将《おかみ》の葬儀だった。

「朝は誰よりも早く起きてお店を掃除し、朝食を支度してから家族を起こす。日中はお店に立ち、夕方は子どもたちの世話を終えた後に、店の片付けをする……。そんな暮らしを長年してこられた方だと息子さんや娘さんからお聞きし、七十年間切り盛りしたというお店が女将さんの人生そのものだったと思ったんです。式場に『お店』をつくって、その中で皆さんに女将さんを振り返ってほしいと直感しました」

先代亡き後、跡を継いだ息子さんに店を見せてもらうと、年季の入った看板が目に飛び込んできた。長谷川さんは、その看板を式場に運びたかったが取り外せないとわかると、本物そっくりに「再現」を図った。店内で撮影した画像をボードに張り、靴墨を塗り重ねて陰影をつけ、年季を出したのだそうだ。看板の下には、息子さんに作ってもらった饅頭を並べ、店で立ち働く女将の写真を飾ると共に、赤い番傘と緋毛氈《ひもうせん》を敷いた椅子《いす》を用意し、店先の雰囲気を出した。生前に書かれていたという一代記のページを取り込んだ画面も設置した。

「あの一角があったから、ご家族からもご近所の方々からも、女将さんの思い出話がたくさん出たんだろうと思います。そして出棺に際して、娘さんやお孫さん一人ずつに、女将さんとのエピソードを語ってもらいました」

長谷川さんは、葬儀後、娘さんに「母のこと、わかってくれてありがとう。また、遊びに来てね」と言われたという。

「悲しみの中に少しの感動を創《つく》りあげるお葬式は伸びます。私たちのメソッドを広くアジアに〝輸出〟することも視野に入れており、その第一歩として、一三年十月に台湾進出を果たしました。社員を台湾に滞在させ、現地葬儀社のコンサルティングサービスを行っています」（中川さん）

故人を偲んで見送るという葬式の本質は、時代が変わっても普遍なはずだ。これほどの簡略化や、イベント性が高いものになることへの賛否両論はあるだろうが、現実はここまで来ている。

葬儀業界に新風を吹き込むのは、一般人の目に触れる形ばかりでない。隙間《すきま》を埋める人たちも出てきている。

鄭丞右《ジョンスンウ》さん（四七）と高橋善子さん（四六）夫婦は、二〇一二年に大阪市内で、「アイジーエス101ベース」という事業所を始めた。アイジーエス（IGS）は、International Guest Service の略。今後、外国人遺体の母国搬送手続を営業品目に入れる予定でのネーミングだが、目下は、曰く「ゲストハウス」業だ。

「最初、外国人バックパッカーたちが安く泊まれるゲストハウスをやろうと思ったんですよ。新今宮（大阪市浪速区）近辺にそういったところが結構あるので、あちこち見学に行ったんですが、経営者たちが皆、あまり儲《もう》からないと言いました。私もこの人（高橋さん）もこれまでの仕事を生かして、じゃあ、生きている人ではなく、死んだ人をゲストにしようと方向を変えたんです」

こう話し始めてくれた鄭さんは、二〇〇八年に高橋さんとの結婚により来日した韓国人だ。日本語が堪能《たんのう》なのは、若い頃に日本の大学への留学経験があり、釜山《プサン》で日本人向けの旅行会社を経営していたためという。

「生きている人も死んだ人も、同じゲストじゃないかという感覚、私にはありますね。生きている人はタオルも毛布も使うし、受け答えも必要で、最低なら一泊二千五百円。死んだ人は何も言わなくて、ただ寝かせるだけで五千円。ビジネスとしてこっちのほうがいいわけですよ」

アイジーエスは、幹線道路に面したビルの一階にある。入り口のすぐ前に二台の駐車スペースがあるため、外からは何の事業所かまったくわからない。「建築事務所」かと思えそうな洒落《しゃれ》た木製のスライド式ドアを開くと、事務机とソファが置かれたスペースがあり、その奥に遺体用の大型冷蔵保管庫が設置されていた。

「見ますか?」

冷蔵保管庫の扉を開けてもらうと、冷気がじわっと室内に漂った。その日は四人の〝ゲスト〟がカチカチになって毛布に包まれ、横たわっていた。二段ベッドの〝相部屋〟形式で、十八人まで収容可能だそうだ。四人のうち二人は二泊目、あと二人は一泊目だと、鄭さんが書類を見ながら教えてくれる。

首都圏の火葬場や葬儀会館には「安置室」等と呼ばれる遺体の冷蔵保管庫が設置されているところが多いが、首都圏以外にはあまりない。先述してきたとおり、病院で亡くなった後、自宅に帰らない遺体が増えている中、葬儀社が預かったものの安置場所に事欠くケースが増加傾向にある。

鄭さんたちはそこに目をつけた。私が見た東京の火葬場と葬儀会館の安置室はすべて棺に入った遺体を預かる〝個室〟形式だったが、ここは棺に入らずに横たわる状態での〝相部屋〟形式なので、一体あたり省スペースで済む。

二十四時間営業で、クライアントは葬儀社である。「今から、仏さん一人」と昼夜を問わず電話が入り、葬儀社もしくは葬儀社が依頼した寝台車で遺体が運ばれてくる。通夜までの何日かを預かるケースも、一人暮らしの生活保護の人が警察から運ばれてきて、身内を探す何日間かを預かったこともあり、十泊以上に及んだケースもあった。到着時点では何泊になるか予想できないことが多いという。

「私、エンバーマーの資格を持っているんです。ここで薬液を注入するエンバーミングをするのは無理ですが、要望があれば顔を整えるとか修復もでき、仏衣への着替えや納棺もできるのがうちの強みです。昨日も、年老いたおばあさんを明るい顔に修復し、すごく喜ばれました。ただ、うちはあくまで葬儀社の下請けですから、遺族への広告営業は絶対にしません。私が勤めていた会社を辞めてすぐに始めたので、葬儀社に一斉にDMを出すのはルール違反だと思ってしなかった。以前から知っていた葬儀社を訪問して話を聞いてもらっただけですが、おかげさまで口コミで利用が増えていっています」

と、高橋さんも説明してくれる。

鄭さんの言う「(二人の)これまでの仕事を生かして」は、高橋さんがエンバーマーであることだとわかったが、鄭さんは？

「ヘルパーです」

ここに至る二人の経歴を聞いた。

高橋さんは大学卒業後、私立高校の社会科教員を経て釜山に渡り、語学学校の日本語教師を二年経験した。その間に、旅行会社の経営者だった鄭さんと「友だちとして」知り合っている。一九九五年、二十七歳で帰国し、「自立するために」互助会系大手葬儀社のエンバーミング部署の事務職員になった。英語力を買われたのだそうだ。その葬儀社は、日本でいち早くエンバーミングを開始したうちの一社で、アメリカ人エンバーマーを招聘《しょうへい》していた。日本で亡くなった外国人をエンバーミングし、領事館等の書類を整え、海外搬送する事務手続きを担当して一年ほど経《た》ったとき、エンバーマーを自社養成することとなり、高橋さんに白羽の矢が立った。

「最初は別世界に足を踏み入れたような怖さがあったんですけど、あくまで会社員ですから、やれと言われたことはやります、と」

アメリカ人エンバーマーの所属したピッツバーグ葬儀専門学校（ペンシルベニア州）の教科書の日本語訳をテキストに、社長の親戚《しんせき》ら五人で座学した上、医大で解剖も見学し、実習も積んだ。九八年にピッツバーグ葬儀専門学校日本分校の名目で修了証を取得し、後に発足したIFSA（日本遺体衛生保全協会）から特例的にエンバーマーライセンスを授与された。IFSAの認定書を見せてもらうと、「０００８」のナンバリングがある。日本で八番目のエンバーマーだった。

「エンバーミングの上手《うま》い下手は、経験の数と比例すると思います。私は十六年で二千体は施術しました。やり甲斐《がい》は確かにありましたが、朝早く出社し、夜何時に帰れるかわからない勤務体制に疲れ果て、辞めることを考えていた。ちょうどそのとき、主人が『一緒にゲストハウスをしよう』と言い出したんです」

片や鄭さんは、高橋さんとの結婚を機に来日した。ハローワーク通いをして、やっと見つかったのが、「福祉マンション（生活保護者が入居するマンション）のヘルパー」、というか雑役係だった。

「韓国に不動産を持っているので食べるには困らないんですが、遊んでいるわけにはいかないでしょう？　日本では、日本語が喋《しゃべ》れても外国人には結局そういう仕事しかないんですよ。いわゆるプアビジネスだと思った。生活保護費から家賃、食事代、ケア費などを差し引き、何十人も住まわせているマンションでした」

朝、二時間掃除した後、決まった時間に、「生ける屍《しかばね》のような寝たきりの老人たち」の部屋を順に回り、オムツ交換し、体を拭《ふ》き、着替えをさせる。手袋をつけ、感情を押し殺して、黙々とやらなければ出来ない仕事だった。最低賃金以下の時給七百円。雇用主に「資格を取れば給料が上がる」と言われ、専門機関の講座を受けて、ホームヘルパー2級と難病患者等ホームヘルパーの資格を取ったものの、時給八百円になっただけだった。

二人が友だち同士だった期間は長かったものの、鄭さんの母親が亡くなったことを知って高橋さんが電話をくれたのがきっかけになった、ある意味スピード結婚だった。高橋さんが「会社」でどんな仕事をしているのかも知らなかった。高橋さんは朝七時に出勤すると、夜遅くまで帰宅しない。鄭さんは、「日本に来て私は何をやっているのだろう。この結婚生活は何だ」と頭をかかえたという。

高橋さんが会社での仕事内容を鄭さんに伝えなかったのは、「話しても理解できないだろう」と思っていたからだそうだが、やがてじっくりと話し、愚痴を聞いてもらうようになる。そして、鄭さんが「会社を辞めろ。二人で一緒にできる仕事をしよう」と提案し、アイジーエスの起業に至ったのだった。

取材中、一人の〝ゲスト〟が寝台車で到着した。ストレッチャー上のゲストを、二人は手際《てぎわ》よくものの五分で清拭《せいしき》して着替えさせ、冷蔵保管庫に収めた。保管庫のドアが閉まる音がやけに大きく聞こえた。

「正直なところ、私がヘルパーとしてケアしてきた生活保護のお年寄りとの違いは、息をしているかしていないかだけの差です。息をしている人は、世話をする際、強くつかむと抵抗を示す声をあげることもあるから、死んだ人を扱うほうが気楽です」

率直な言葉でドライに話す鄭さんに、「死んでしまったら、人間はただの物体でしょうか？」と水を向けてみる。

鄭さんは首を大きく横に振って、

「違います、私たちのゲストです」

と答えた。傍《そば》らで、高橋さんが「ただの物体なら、夜中にわざわざ事務所に出向いて、遺体の側で寝ると思います？」と私に問い返した。二人の住まいはこの事務所から車で15分ほどの地にあるマンションだが、鄭さんはほとんどの夜を事務所に泊まり込んでいるという。

アイジーエスの一泊五千円は、首都圏の葬儀会館や火葬場の安置室の半額から三分の一だ。個室と相部屋の違いを考慮しても余りある格安である。

葬儀業界のニューフェースは他にもある。

すでに二〇一〇年から総合通販サイト「アマゾン」で棺が売り出されているほか、例えばパソコンに「棺　通販」と入れて検索すると、十件近いサイトがヒットする。

木製や布張り、漆塗り、彫刻入りなど、安いものでは二万円を切るものから、高価なものでは二十万円を超えるものまで、さまざまな棺の写真が出てくる。見る限り、個人に向けたサイトだ。クリックして「お買い物かご」に入れて、購入する。今や、棺をまるで本や洋服のように簡単に購入することができるのである。

一般的には、棺は葬儀社が用意してくれるという認識だと思う。葬儀社の「基本セット」に、祭壇、遺影、骨壺、寝台車などと共に当然含まれているので、高級な棺を選びたいなら、追加料金を払って差し替える。その場合、単品で購入するなら、最も安価なもので八万円からというのが相場のようだ。日本ヒューマンセレモニー専門学校の学生が、「原価二万円ほどの棺が、七、八万円で売れる。納棺などの実務と、葬儀社員が遺族を支える心が、その差額だと思う」と言っていたことが記憶に残っているが、通販の需要はあるのか。

「家送葬《かそうそう》通販」というサイトを首都圏で運営する、福田賢さん（四八）に会った。

「売れています。ネットで棺を探す方は、葬儀社に依頼せずに自分で故人の見送りをされる方ですから、一番求められるのは納期、次に値段だと思います。うちは、早く、そして安く提供できるのが強みです」

「家送葬」は、「家で送る葬儀用品」の略だそうで、棺、骨壺、仏具のネット販売を二〇〇九年十月に立ち上げた先駆である。一四年六月までの販売実績が二千件以上、そのうち棺が約九百件を超えるというから、平均すると、月に十六個の棺が売れている計算だ。平日の夕方までにネットあるいは電話やファックスで注文すると、すぐに梱包《こんぽう》して発送となり、翌朝には宅配便で届く（沖縄・離島以外）仕組みは、納期に二、三日を要する通販ショップがほとんどの中、際立っている。

木製、布張り、彫刻入りなど扱う棺は多種類あるが、「桐平棺」と呼ぶ合板の一般的な棺が最もよく売れるそうで、価格は一万八千円。他の通販サイトでは送料三千円が別途必要と記載されているのに対し、ここは送料無料（沖縄・離島以外）なので、私が調べた限り最安値だ。

「徹底して経費節減をしています」

自分でサイトをつくり、無料サーバーを使用している、自宅の一部を事務所にしている、振り込み確認をしてから発送するか、代引きを基本として返品、不払いなどの「事故」を軽減している。そのような手の内を明かしてくれた。

それにしても安い。「利益はどの程度あるんですか」と思わず聞くと、福田さんは「ちゃんとありますよ」と、さらりと答えた。

「多くの場合、まず電話がかかってきますが、どのような事情で購入されるのかをこちらから問うことはありませんし、私には分析できません。棺を買っても、ワゴン車を持っていなければ、寝台車は必要だし、役所や火葬場の手続きを自分で行う手間も要る。棺だけで二十キロあり、運ぶのも力仕事です。そうした経費込みで、葬儀社の『直葬セット』とかが十万円くらいでしょう？　だから総合的に考えると価格的にそんなに変わらないと思うんですが、棺だけを購入する方がここ一、二年、目立って増えているのは確かです」

その日、ユニクロのポロシャツを着ていた私は、聞きながらふと、「棺販売のユニクロ版かも」と思った。ブランド品とは大きな開きがあるが、実用には十分で、それ以上の期待はしない。ユニクロで買い物をする層が棺の通販の顧客層に重なるなら、人気が出るのは時代の趨勢《すうせい》だ。

これまでの送付先で多かったのは、東京、千葉、愛知、三重、大阪だが、北海道から九州まで全国にのぼっているという。棺の購入者には、「家族で送れる葬儀セット」と名付けた、骨壺一式（骨壺、骨箱、風呂敷）、仏衣一式（無地仏衣、編み笠、草履、守り刀）、枕飾り一式（白木経机、三つ具足、鈴、白木位牌）を一万二千八百円で販売しており、このセットも同時に購入する人が多いらしい。

二時間ほど話した中、福田さんは「あくまで小売業です」と三度口にした。まったく異なる業界から参入したのだという。葬儀社が棺を通販したなら、業界の反感を買うことは必至だ。葬儀社出身でないからこそ、新ビジネスが生まれ、奏功しているのだろう。

試しに「自分で棺を運んでいきたいんですが、個人で予約できますか」と、東京二十三区と大阪市内の各火葬場に電話してみると、東京は戸田葬祭場（民営＝板橋区）、大阪は津守斎場（民営＝西成区）以外、十三か所の火葬場で可能だった。「場内での運搬のお手伝いはできないので、炉前まで自分で運んでもらわないといけませんが」の注釈付きで、「法律の規制がありませんので、棺に納まっているのであれば、受けます」と回答が返ってきた。

なお、余談だが、東京農工大学名誉教授の亀山章さん（環境資源共生科学）から、「高度経済成長期まで日本中にモミの木の植生が見られ、集落単位でモミの木を育成したところも多かった。棺桶《かんおけ》の材料として、モミの木を使ったからだ」と聞いた。

現在の棺の主材は、檜《ひのき》、モミ、桐。高級品は天然木だが、手頃な価格のものは合板で、木目を紙に印刷したプリント合板か、表面に薄くスライスした桐を貼《は》ったものである。合板に布貼りをしたバリエーションもあるほか、「環境にやさしい」とのキャッチで、段ボールなど紙素材の「エコ棺」（東京都港区、ウィルライフ株式会社ほか）、思い出の写真を貼ったり、メッセージを棺の内側にプリントできる「写棺」（群馬県沼田市、光工芸有限会社）も生まれている。

究極の小さな葬儀とは

こうして葬儀業界を取材していくと、一般葬から家族葬へ、その先に棺と骨壺といった火葬に必要最小限のものだけを自分で用意して、直葬を選ぶ遺族が今後増えていく可能性があると思えなくもない。そこで最後に、究極の「小さなお葬式」を選んだ二人の話に耳を傾けたい。

一人は、京都嵯峨《さが》芸術大学学長の森本武さん（六六＝京都府向日《むこう》市）。家族葬、直葬などという言葉が生まれる遥《はる》か以前の一九八四年に、当時助教授だった森本さんに大阪のタウン誌で取材していた。森本さんはその頃、「人間の感情や生活用具まで無駄を検証する」を旨《むね》とする「節倹倶楽部《クラブ》」を主宰し、母の葬儀もその考えに則《のっと》って行ったと言っていた。今回、改めて話を聞いたところ、

「葬儀社の領収書を残しています」

と、三十年前を振り返ってくれた。

「支払額合計二万六千八百円。内訳は、棺と遺影の引き延ばし代一万二千円、ドライアイス代五千円、寝台車代九千八百円となっています」

八四年の総務省統計局の物価指数は二〇一三年に対し八七・一なので、今におきかえても約三万八百円だ。

森本さんの母は、六十五歳で半年ほどの闘病の末、甲状腺《こうじょうせん》がんで亡《な》くなったという。葬儀社に依頼し、病院から寝台車で自宅に運んでいるから、現在の解釈の直葬ではない。しかし、搬送の車以外に必要としたのが、棺と遺影とドライアイスだけだったのだ。したがって、枕飾りも祭壇も供花もなし。自宅なのでむろん会場代も不要。さらに「僧侶《そうりょ》も呼ばなかった」という。

森本さん自身が、母が信仰していた先祖供養を重視する宗派のお経を唱えたのだそうだ。

「母は、三歳のときに脊椎《せきつい》カリエスを罹患《りかん》した僕を治したい一心でその宗派に入信しました。僕が六歳で奇跡的に治ったのは、お経を唱えたからと信じていた、そのお経です。僕は信徒ではないばかりか、どの教団の宗教行事も極めて怪しいと見ているほうですが、母への『六十五年間、ありがとう』の気持ちでお経を唱えた記憶がありま す。家の宗教は別の宗派でしたが、日常的につきあいのない僧侶に、形式的にお経をあげてもらおうとはまったく考えませんでしたね」

父も、母のきょうだいも集ったが、形としての弔いは後にも先にもそれだけで、一夜明け、母の遺体をライトバン型の寝台車で火葬場へ運んだ。彫刻を施した「宮型」の霊柩車が隆盛な当時、ライトバン型の寝台車での搬送は稀《まれ》だった。

当時、森本さんは三十代。「超」がつくほどシンプルなこの見送り方は、「無駄な精神的疲労を排除する『節倹』の暮らし」を追求していたことによる。二十代でヨガに出会って三十日間の「スープ断食」をしたことをきっかけに「モノのあるなしは偶然」と物質に対する概念が変わった。

「あれも欲しい、これも欲しいと思うから、それらを得るためにお金が要る。そのお金を儲けるためにあくせくと働くことになる。あくせく働けば疲れるし消耗する。そして疲れ、消耗したがために、癒《いや》すための物品も欲しくなる。お金も必要になる。そんな悪循環を避けて暮らすと、安上がりでかつ苦労も小さくて済む」

九二年の取材のとき、持論をこう語っていた森本さんは、肉魚を好まずほとんど菜食で、極力省エネの調理法で食べる。光熱費も調理器具もそれらを置くスペースも調理時間もかからないと、日々の暮らしの一端を説明してくれていた。シンプルな見送りも、持論「節倹」の表出だったのだ。

「健康なときから『死んださっさと焼いてくれていい』と言っていた、母の遺志でもあったんですが、僕の人生観、宗教観の一つである、死というものへの理解に基づいた見送りだったわけです」

もう少し噛《か》み砕いていただけませんか、と言うと、森本さんは、わかりやすい言葉を組み立ててくれた。

「僕の『死とは何なのか』という根源的な考え方です。死とは、心が肉体から離れて自由になることですから、死亡後の肉体は生物的役割を終えたもの。極端に言うと、〝使用済みのゴミ〟だと思っています。使用済みのゴミを尊んでも意味がないのに、なんで葬式の形式が要るのかということですね」

一方で、「霊魂は不滅だと思う」とも森本さんは言った。それゆえに、心のうちでは亡くなった人は永遠に生き続けると。

「皆さんもどうぞ、とお勧めできる筋のものではありませんが、僕にとって、満足度の高い見送りでしたね」

もう一人、大阪府高石市の吹田みどりさん（六七）は、二〇一三年十二月に老衰で逝った母・毬子《まりこ》さん（享年《きょうねん》九四）を、二人の三十代の息子（毬子さんの孫）と三人だけで見送った。

「結構すごいでしょ？　三十年ほど前、吹田の義父の大きなお葬式を東京と大阪で二回もしたことがあり、すごく大変だったので、母のお葬式を一般葬にする気持ちはまったくなかったんですね」

みどりさんが「吹田の義父」と呼ぶ毬子さんの夫（再婚）は大阪大学教授で、原子力安全委員会の初代委員長だった人だ。いわゆる名家である。

「母の死が近づいてきたときから、密《ひそ》やかな家族葬にしようと考えていました。ロサンジェルスに住んでいる娘が『お葬式に帰ろうか』と聞いてきましたが、『帰らなくてよろしい。そちらで手を合わせておいてくれて、次に帰国したときにお葬式の写真を見てね』と伝えたんですね。母のいとこら親戚や、母の友人たちに知らせたのは、お葬式が終わってからです。親戚も友人も高齢で、来てもらうにも付き添いが要るだろうから、遠慮しました。一人呼ぶと、もう一人もう一人となっていくから、一切呼ばないことにしたんですね」

私は亡くなった毬子さんに面識がある。生前に、拙著『大阪おもしろ女社長』（一九九四年刊）でも『はじまりは大阪にあり』（二〇〇七年刊）でも取材させてもらった。日本最初の本格的な自動車学校として一九一九（大正八）年に大阪市内に誕生した松《まつ》筒《とう》自動車学校を五九年に父親から継ぎ、経営してきた人だった。同業者間や警察で

「全国でたった一人の、大阪名物・女管理者」と騒がれた。松筒自動車学校は二〇〇〇年に閉校したが、関西では広く知られた存在だった。

毬子さんにライフストーリーを聞いたとき、五十代での再婚を「長くサルトルとボーヴォワールのような関係だったのに、『園遊会に一緒に出てほしい』と言われて籍を入れたのよ」とにこやかに話されたことを覚えている。

毬子さんは八十歳でリタイアした後、コーラス教室やピアノ教室に通うなど悠々自適の老後だったが、〇七年に脳梗塞《こうそく》で倒れて入院。その後、自宅近くの介護施設で暮らしていたという。

「病院で午前三時頃に亡くなり、寝台車で自宅の周りを一回りしてもらって、大阪市内の菩提《ぼだい》寺に運びました。ご近所に知られて気を遣われるのも何なので、母を自宅に連れて帰ろうとは思わなかったですね」

三代にわたって、浄土真宗のお寺の檀家総代だそうだ。「でも、『報恩講？ そちらでやっておいてください』みたいな、何の役を担《にな》うでもない檀家総代」とみどりさんは言う。みどりさん自身は二十年以上前に離婚し、夫亡き後の毬子さんと一緒に暮らしてきていた。早くに兄（毬子さんの長男）が逝去していたので、ほぼ一人っ子状態。仲のいい母と娘だった。

「三人だけのお葬式」は、檀家寺と契約している葬儀社に依頼した。「担当の女性に、家族葬にしたいと言うと、『承知しました。どんなご要望でもお聞きします』と応じてくれました」

火葬場が翌日の午後四時から「奇跡的に空いていた」ので、その時間に合わせて、亡くなった日に納棺、通夜《つや》、翌日にお葬式とスケジュールが組まれた。

「儀式的な納棺などはたぶん母の趣味じゃないし、私もぴんとこない。母にお化粧をしてくれた葬儀社の方に『口紅をつけてあげてください』と案内されたけど、そんなことするのイヤだったから『そちらでやってください』とお願いしました。院主さんのお経以外は、お葬式といっても、息子たちと母の遺体を囲み、話しただけですね。お通夜も、お寺の方が『私たちがここで寝ますから』と言ってくれたので、早々に引き上げましたし。最後、火葬場からお寺に戻ったら、奥さんが軽く食事を作ってくださっていたので、みんなでいただき、それでお開きです」

みどりさんは「あっさりしたもんですよ」と言ってから、

「でも、私は葬儀社の方に、『お花と音楽と車にだけはこだわります』と言ったんです」

と続けた。

葬式の写真を見せてもらって、驚いた。太い木を井桁《いげた》状に組んだ格天井《ごう》、正面に仏様が安置された寺の風格ある本堂に白木の棺が置かれ、棺の近くばかりか本堂のすべての空間に白の胡蝶蘭《こちょうらん》、白と淡いピンクのカサブランカ、薄紫とピンクのトルコ桔梗《ききょう》、かすみ草……。まるでお花畑のように見えた。数多《あまた》の花で本堂全体が埋まっていたのだった。

「母が『菊は陰気くさいから嫌い』と言っていたから避けて、品よく明るくモダンにしたかったんです。葬儀社の担当さんに『白の胡蝶蘭を必ず入れて』とお願いし、あとはその人のセンスに任せましたが、大正解でした」

「音楽」は、CDプレーヤーを持っていき、お経の時間以外ずっと、毬子さんの好きだったショパン「ノクターン」やベートーベン「月光」などのピアノ曲を流した。

「車」は、かつての仕事柄、一家言ある。毬子さんは介護施設の人が軽自動車で家に迎えに来たとき、「私はクラウンのロイヤルサルーンに乗っていたのに」とぼやいていたから、「霊柩車を高級車にしようと思い、フォードにするかトヨタにするか迷った」。乗り心地を優先してクラウンにしたそうだ。

葬儀社への支払い額を聞けば、「九十九万五百円。思っていたより安かった」という。菩提寺へはいくら払ったのか。

「ひっくるめて三百万円お渡ししました」

ずいぶんな額だ。みどりさんには出費を惜しむ感覚は元よりなく、価格とはまったく別次元で三人だけの葬式を選んだのだ。

「我ながらすごくいい選択だったと思います。小さなお葬式だからといって寂しいという感覚はまったくなかったし、親戚からも特に苦情は聞こえてこなかった。『私のお葬式のときも花をいっぱいにして、こんな感じにしてね』と息子たちに言いました」

みどりさんは終始晴れやかな表情で話し、最後にふと思い出したようにこう付け加えた。

「母のお通夜もお葬式も、実際はすごく寒い日だったはずなんですが、院主さんや葬儀社さんと一緒にいる時間、あまり寒いと感じなかったような気がします」

森本さんと異なるのは、みどりさんには確たる宗教観がないことだ。檀家関係にあるお寺に対しても特に大きな意見はなく、ゆるやかな関係性の維持を望んでいる。日本中の多くの人たちと同じだ。

慣習やしきたりによる社会的な儀礼でなく、故人と別れる極めてプライベートな時間へ――。葬式の変貌《へんぼう》が加速度的に進む中、「死の周辺」を職業的に担う人たちの経験値をシャッフルする時期が来ているのではないだろうか。

あとがき

「葬送」の仕事をしている人に取材をしたくなったのは、二〇〇八年五月に母を、同年九月に父を慌《あわ》ただしく見送ったのがきっかけだ。

当時、私は大阪府内の大きな葬儀会館のすぐ近くに住んでいた。葬儀の仕事をしている人たちとも遺体とも「ご近所さん」だったわけだが、意識することはほとんどなかった。ところが、母と父を見送るにあたって、突如として、妙な言い方だが身近になった。

とりわけ母の死は、突然だった。すこぶる元気な人だったが、あっけなく逝《い》った。心の準備も何もできないまま、私は、初めて「遺体」に寄り添う当事者となった。病室での母の遺体は生きていたときの延長だったが、霊安室に移され、時間が経《た》つと、我が母ながら少し不気味に感じられた。葬儀社を探した。真夜中にも拘《かかわ》らず、葬儀社の人が駆けつけてくれたとき、後光がさして見えた。

「こんな夜中にすみません」

「いえ、まったく大丈夫です。ご依頼、ありがとうございます」

仕事だから当たり前と言えば当たり前だ。だが、その瞬間に、遺体が不気味なものでなくなったように、私は感じた。手際《てぎわ》よく遺体を運び、その後の相談にのってくれ、家族葬をしたいという希望に添って段取りを進めてくれる姿に、大きな安心感を覚えた。

父は、入院した一週間後に逝った。母のときの経験から、葬儀、火葬の一連の流れを了解しているつもりだったが、だからと言って辛《つら》さが軽減されるわけではなかった。母のときと別の葬儀社に依頼し、一般葬を行ったが、その葬儀社の人たちは、父に向けての動作を、必ず一礼してから行っていることに気づいた。眼差《まなざ》しも優しかった。母のときも父のときも、直接の担当者は三十代そこそこの若い男性だった。頭が下がる、と思った。そつがない、というのと少し違う。「財布と相談」の現実にも親身になってくれた。

私にとっては、火葬場がもっともキツい場だった。まぶたを腫《は》らす遺族に、毎日応対している職員たちもキツいだろうと思わずにはいられなかった。

私は、決して「儀式」好きではない。母と父の見送り方も、手放しで良かったとは思っていないし、あの部分をこうしておけば良かったという小さな後悔はいくつもある。しかし、あのとき、見送りを助けてくれた人たちへの感謝の念のほうが大きい。

長くライターをし、いろいろな職業の人たちの取材をしてきたが、葬儀業界の人たちを取材したことは一度もなかった。にわかに気になり始めた。

大ヒットした映画『おくりびと』の封切りは、父を送った直後だった。私は、翌二〇〇九年になってから、やっと観《み》た。最も印象に残ったのは、主人公の妻が、納棺師となった主人公に「そんな仕事をしてきた手で、私に触れないで」との旨を言い放ったシーンと、主人公が腐敗の激しい遺体に、激しく嘔吐《えず》くシーンだった。のちに妻は、主人公の仕事を誇りに思うようになるわけだが、「忌避」ってなんだろうと思った。また、遺体となって時間が経てば、それほどまでの悪臭を放つのだろうかと、かなり驚いた。

その後、『葬式は、要らない』（島田裕巳著、幻冬舎）に端を発する、葬式費用が高いの、葬儀社が阿漕《あこぎ》だのといった論調が目立つようになった。一方、葬儀関係者からは、『葬式は必要！』（一条真也著、双葉社）、『お父さん、「葬式はいらない」って言わないで』（橋爪謙一郎著、小学館）などの出版が相次ぐ。応酬だ。双方の主張とも、なるほどと思う面も、誇張しすぎではと思う面もある。議論は、しないより、したほうがいいに決まっている。

だが、私は、ちょっと待ってよ、と思った。議論以前に、葬送の仕事をする人たちが、どのような思いで、どのような働きをしているのか。私たちは知らなさすぎやしないか、と。

二〇一一年に大阪の元遊廓《ゆうかく》・飛田《とびた》新地の人たちに取材した『さいごの色街 飛田』を上梓《じょうし》した後、大阪で講演する機会があった。折も折、そのときに来た人がこんな手紙をくれた。

「次も、マスコミとかに出ない立場の人たちに光をあててください。私は葬儀社に勤めていますが、私たちの業界にも『神の手』と私たちが呼ぶ遺体復元師や、献茶婦など、人知れず頑張る素晴らしい人たちがいます」

第二章に登場した堀井久利さんだ。私は、堀井さんのその手紙に背中を押された。

本書の取材は、二〇一二年六月に始まり、断続的ではあるが、二〇一四年九月まで続いた。

当初は、今思えば恥じ入りたくなるほど無知だった。通夜《つや》と告別式が葬儀社の人たちの仕事だと思っていたし、遺体の清拭《せいしき》、湯灌《ゆかん》、納棺も、さくさくと行われると想像していた。

しかし、取材を始めるとすぐに、そうではないとわかった。通夜と告別式が表舞台なら、その前段階など裏舞台の仕事のほうがはるかに長く、たいへんだ。遺体と空間を共にすることの重みを常に抱えている。さらに、いわゆる孤独死の人や行旅死亡人、事故死した人などのケースも少なくないと知るにつけ、報酬のためだけに割り切ってできる仕事ではないという思いを強くした。清拭、湯灌、納棺に相当な技術が必要なことも知った。

人体は心臓が止まった時点で、即物的には「モノ」になるが、遺族は感情的に割り切れない。葬儀社の人たちは、そんな二方向のベクトルを、遺族と同じかそれ以上に持ちながら仕事をしていると思えた。彼らは、いついかなるときも「ご遺体」と言い、「死体」とは言わない。一方で、たとえば葬儀会館の事務室では事務仕事がごくふつうに行われ、寸暇に弁当を食べたり、同僚と「もう一度、(遺体に当てた)ドライアイスを代えなきゃな」といった話と、「今朝の連ドラ見た?」といった話が並列したりすることに違和感などない。

彼らにとって「死」は「生」と〝地続き〟なのだ。経験値から語られる言葉は、広く生き方、死に方、見送り方の示唆《しさ》に満ちていると思えてきた。図らずも復元師とエンバーマーの両者から、自死した人について、「自分たちの仕事の現場を見せたら、踏み留まったと思う」という意味のことを聞いたのも、心に響いた。極めつきは、火葬場の職員たちだ。遺体を「きれいに焼く」ことがミッションだと口を揃《そろ》える彼らの業務は壮絶だった。「自分たちが心を込めて火葬したら、誰をもちゃんと送れる」との心意気に圧倒された。

本書には書かなかったが、霊柩車《れいきゅうしゃ》の運転手に取材したとき、「コップの水をこぼさない」という言葉を聞いた。車内に水がほぼ満杯のコップを置いても、その水がこぼれないように、揺れない運転をするよう心がけているというのである。

その人が運転する霊柩車に乗せてもらって、仰天した。加速も減速もまったくわからず、揺れない。左車線から右車線にいつ移ったのかも、体感ゼロ。赤信号に、ブレーキをいつかけたのか感じられず、しかし停止線にきっちり停まった。なるほど、これならコップの水はこぼれない。

「乗った方、驚かれるでしょう?」

「いえ、ご遺族はお気づきにならなくていいのです。自分の中の約束事ですから」

静かな語りに、誇りがにじんでいた。

私は関西の出身だからかもしれないが、取材中、かつては被差別部落の人たちが担《にな》った職業とされたことが頭の片隅にあった。しかし、取材を終えた今、その次元のことに言及する時期はもう過ぎていると思う。火葬場職員の亀山徹さんが「差別の目を持った人こそ、かわいそうだ」と言った。この言葉がすべてだ。

大衆小説家・長谷川幸延（一九〇四〜七七年）が一九四一年に著した『冠婚葬祭』には、大正初期に、「葬列は無駄」と日本初の霊柩車を導入した葬儀社が描かれている。当初は世の反感を買ったが、徐々に受け入れられて隆盛となる。ところが、この葬儀社の社長の息子が早世し、社長は霊柩車ではなく、昔ながらの葬列を組んで息子を送る。そのようなストーリーだ。描かれた、霊柩車が受け入れられていく様は、小さな葬儀が増加する昨今の様と相似していると思った。いつの世も、先見の明のある人がいて、新しい形態や商品が生まれる。そして、事あるにつけ、原点に立ち返るなど精神性が確認される。行きつ戻りつしながら、変容を遂げていく。

翻《ひるがえ》って、これから先の葬儀はどうなっていくのだろうか。私に推し測る力はないが、現時点での葬送の仕事師たちの思いは粛々と受け止めたいと思ってやまない。

本書は、登場いただいた方々のほか、廣江輝夫さん、北村隆幸さん、金子直裕さん、中原優子さん、村川英信さん、塚本優さん、山室正美さん、奥村明雄さんらの協力を得たおかげで出来上がった。感謝します。取材・執筆期間中、的確なアドバイスをくれた新潮社の土屋眞哉さんに謝意を表したい。

二〇一五年三月

井上理津子

文庫版あとがき

単行本が出てから、もうすぐ三年になる。この間、読者の方々からずいぶんお便りをいただいた。

もっとも多かったのは、家族など近しい人を亡《な》くした経験のある方からで、そのうちの一人に会う機会があった。専門職に就き、キャリアを積んでいる三十代前半の女性だ。

彼女は、「〝十年間の空白〟が少しずつ溶けていっている」と話してくれた。

十年前に妹さんを亡くしたのだという。妹さんは不治の病を発症し、短期間の闘病でお別れとなった。「両親も私も、辛《つら》すぎたからですね」。妹さんが亡くなる前後の記憶がすっぽり消えた。と同時に、妹さんのすべてのことを胸に秘めるようになった。

彼女は実家で暮らしているが、それはご両親も同じだったようで、以来、「家で妹のことを誰もひとことも話さなくなった」と言ってから、「違う。話せなくなって、封印したんです」と言い換えた。十年もの年月を、だ。

「でも、『葬送の仕事師たち』を読んで、妹を見送ってくれたのもこういう人たちだったのか。良かった。妹は幸せに旅立てたと思えてきたんです」

彼女は、ご両親にもこの本を読んでほしいと思い、さりげなく本をリビングルームに置いておいた。「父も母もたぶん読んだのだと思う」と言う。本のことを話題にすることこそなかったが、ある日曜日の午後、三人でモロゾフのチーズケーキを食べていたとき、お母さんが「〇〇ちゃん（妹さん）も、このチーズケーキを好きだったわよね」とぽつりと口にした。それが端緒となり、両親との日常の会話に、少しずつ「妹が戻ってきている」のだそうだ。

本は世に出ると著者の手を離れ、独り歩きしていく。どの部分が、どのように読まれるかは、著者には分からないし、分からないからこそ、このような感想をいただくと何ものにも代えがたい欣《よろこ》びがある。

僭越《せんえつ》ながら講演させていただく機会も何度かあり、葬儀社で働く人たちが集う会に登壇《とうだん》したこともあった。言うまでもなく、弔いの仕事をする人たちは日本中に大勢いる。私が取材し、本書に書いたのはそのうちのわずかだ。木を見て森を見ていなかった部分もあるのではないか。なんらか批判が飛んでくるかもしれない。「おそるおそる」の心境で、インタビュー時の私の心の動きを軸に、本書に書いた事柄の一部とその「行間」を話した。葬儀社の人が、「ストレッチャーで運べない葬家《そうけ》の急な階段を、寝間着の故人をおぶって上がった。故人は小さなおばあさんで、生あたたかかった」とさらりと語ってくれ、甚《いた》く心に響いたとも述べた。

交流の時間となり、一人が近づいて来て、こう言った。

「さきほどの話ですが、私も仏さんをおぶったことは何度もあります。いいえ、私に限らず、同業者は多かれ少なかれみんなおぶっていると思います」

七十年配の男性だった。

「そういうとき、ああこの人、さっきまで体温があった人なんだなと、葬儀屋になりたての頃によく思いました。それを口にすると、先輩に『つまんないこと考えてたら、ずり落ちるぞ。集中しろ』と怒られたもんです」

「生あたたかいうちはまだいいんですよ。冬の寒い日に、冷たい仏さんをおぶうときがキツい」

「ぐっと腰に力を入れて、こちらの体に仏さんをぴたりとくっつけるようにすると、うまくいく。背中の仏さんとの共同作業ですね」

などと、他の方々も口々に言うではないか。

私はうなった。皆さん、やはりすごい。個々に語るべき言葉を持っている。私が取材したのは特別な人たちではなかった。

「あの感覚を引きずったら、次々の業務に支障をきたすじゃないですか。だから、仲間うちでも、ああいうことはあまり喋《しゃべ》らないんですよ」と、後でその会の幹事さんが話してくれた。

本書の取材に走り回っていた頃、何かに突き動かされていたような気がする。人は死ぬとどうなるのか、どう扱われるのか。今思うに、私の心の根底には、そんな疑問と不安もあった。温かい話を聞くことを目指したわけではないのに、仕事の話の端々に多大な情けを感じ、この方々のおかげで、そう恐れずにみんな死んでいけると気持ちが楽になったことも、ふと思い出す。

この三年間で、業界に変化はあったか。葬儀業界誌「月刊フューネラルビジネス」編集部、部長の吉岡真一さんに聞くと、三つの事柄が挙がった。
・家族葬など小さな葬儀が、地方にも及んできた。
・在宅死の増加にともない、自宅葬が微増している。
・相続のための士業の紹介や、墓や仏壇の斡旋《あっせん》など、葬儀後のプラスα《アルファ》を営業アイテムに取り込み「ワンストップサービス」を打ち出す傾向にある。

自宅葬と家族葬の増加は、経営をより厳しくさせている。「だからこそ、納棺、見送りなど、どんなお葬式の場合にも『必要』とされる業務に、関係者はより高い矜持《きょうじ》を持って臨んでいる」と吉岡さんは断言した。そして、「いかんせん単価が減少してきているので」葬儀以外の品目の窓口となって利益を確保しようとする動きにあるという。

本書に書いたとおり、本郷金子商店（東京都文京区）の高橋朋弘さんは「利益優先」と真逆の考え方の人だが、「弊社では、今年（二〇一七年）からすべてのお客さんに、企画運営費の名目で一律四万三千二百円をいただくようになりました」と話す。「家族五、六人だけ」など葬儀の小規模化が目に見えて進む中、「返礼品の手配も不要になり、手数料が入らなくなったので、この額をいただいて、ギリギリに会社が成り立つから」とのことだ。お客さんにもそう説明する。地域密着でリピーターが多いため、大半が同社の〝仕事ぶり〟を承知しているお客さんだ。「ありがたいことに、みなさん、『わかりました』とすぐに承諾してくださいます」

今ではネットで「安い」葬儀社を探す人が多いが、ネットはその入り口にはなっても、価格比較をするのはほとんど意味がないのではないか。本郷金子商店のホームページの片隅に、三年前にはなかった「葬儀屋としてのプライド、商売をビジネスとして割り切らない泥臭さがあります」との文言を見つけた。同様の思いを持ちながら、言葉にするのが苦手な葬儀社も多いと、私には思えてならない。

エンバーミングはどうか。

ＩＦＳＡ（一般社団法人日本遺体衛生保全協会）事務局長の加藤裕二さんによると、二〇一四年に約二万一千体（死亡者数の約一・六パーセント）だったエンバーミング施《せ》術《じゅつ》数が、一六年に約三万七千体（同約二・八パーセント）になり、一七年は四万体を超えるという。エンバーマーの有資格者は百五十七人から百九十五人に、稼働《かどう》者数も百人から百五十九人にはねあがり、事業者も四社増えた。

本書の取材時、日本にエンバーミングを導入した立役者の一人、竹内惠司さんから「施術数が死亡者数の五パーセントを超えると一気に認知が進むと思う」と聞いたが、その日がくるのもそう遠くなさそうだ。

エンバーマーの真保健児さんは、自身が施術した中で、荼毘《だび》に付す日をかなり遅らせた遺族が二例出てきたという。一例は四十二日、もう一例は五十日だそうだ。

四十二日遅らせたのは、八十九歳の母親を亡くした五十代の会社員の女性で、ふたり暮らしだった。女性は一人で長い期間を介護し、自宅で看取《みと》った。「お葬式はしない。エンバーミングだけしたい」との意向で真保さんに依頼してきた。

「介護で疲れたまま、見送りたくなかったそうです。それに、あと何日かでお母さんの九十歳の誕生日で、存命中『お祝いをしようね』と話していたので、誕生日を迎えてから旅出たせてあげたいとおっしゃいました」(真保さん)

女性は、エンバーミング施術をした母親を四十二日間にわたって自宅に寝かせて、〝留守番〟させ、出勤した。会社から帰ると〝二人〟で過ごした。傍目《はため》には奇妙に思えても、女性には長く一緒に暮らしてきた母親を見送るための心の整理に必要な日々だったのだ。

IFSAの規定ぎりぎりである五十日後のお別れを選んだのは六十代の女性で、亡くなった夫は総合病院と複数の介護施設を経営する法人の代表だったという。

「人望が厚い方だったのでしょう。ご自分がつくった介護施設の一室に五十日間ご安置され、職員や関係者らが次々と毎日のようにお別れに来られたようです」

竹内さんが、一九八九年にアメリカで、エンバーミング施術の上、背広を着用して、背もたれのある椅子《いす》に座った故人に、弔問者が握手をしてお別れする葬式の光景を見たことを本書に書いた。この「五十日間」の故人は、棺《ひつぎ》に横たわるスタイルだったそうだが、急《せ》かず慌《あわ》てず、弔問者の都合に合わせるという意味で、「椅子に座ってお別れ」に近いものがあるのではないだろうか。

この原稿を書いている最中、二年前に取材で知り合ってから懇意にしていた人が亡くなった。生活保護を受給し、簡易宿泊所で暮らしていた。家族と音信不通となって三十年になる七十歳の男性だ。

早朝に病院で亡くなり、遺体は指定業者（葬儀社）によって火葬場に運ばれた。国の定める葬祭扶助費でまかなわれる「直葬」である。

担当のケースワーカーが言う。

「通常、遺族の電話番号がわかれば電話をかけるのですが、この方の場合はわからなかったので、戸籍等から追いかけて判明した息子さんの住所に、訃報《ふほう》をお知らせする文書を郵送しました」

私は、亡くなった日の午後、火葬場の「面会室」に行った。壁一面に冷蔵保管庫が並ぶスペースだ。予約した時間に、火葬場の職員が、棺を保管庫から出し、部屋の真ん中に安置しておいてくれた。

繰り返すが、この男性は生活保護の受給者で、身寄りはなきに等しい。普通、面会に来る私のような者などいないと想定されるだろう。亡くなった後、丁寧に扱われるとは、期待していなかった。ところが、棺の中の男性は、ずいぶん美しかった。一週間前に見舞ったとき、瘦《や》せこけて痛々しく、口の上下とも髭《ひげ》だらけとなっていたが、そのときと別人のようだった。髭も剃《そ》られ、肌がきれい。目と口は少し開いているが、ふっくらしている。入れ歯も入っていた。

「私共が少しお手入れさせていただくこともありますが、今朝、お迎えにあがると、看護師さんがもうきれいにしてくださっていましたので」

と、葬儀社の人が言うのを聞き、目頭が熱くなった。

男性は宗教に心を傾ける人ではなかった。私もそうだ。だが、荼毘に付される日が決まると、私はどうも落ち着かなくなった。火葬場で、私一人で見送ることになるかもしれない。お坊さんに頼りたくなり、親しくさせてもらっているお坊さん二人に声をかけた。

二人ともその時間に先約があり、火葬場に来るのは無理だったが、一人は「その日に、斎場の方角に向かって読経《どきょう》します」、もう一人は「後日、その方の部屋がたたまれるとき、読経に行かせてほしい」と言ってくれ、さらに「いいご縁をいただいた」と二人は口をそろえる。

本書の第三章に紹介した、友人である納棺師・湯灌《ゆかん》師だった新潟の虎石薫さんのことが頭をよぎった。僧籍を持っていた彼女は去年葬儀社を退職し、僧侶としての新たな勉強と活動を始めていた。妙案を思いついた。火葬開始時刻の前に、新潟で読経してもらい、リアルタイムでスマホのラインを使って中継したいと考え、そう話すと、すぐさま承知してくれた。ところが、虎石さんは日をおかずに電話をよこし、「私、伺ってもいいですか」と言う。「交通費は二万円ほどかかりますが、こういう日に使うために、普段お布施《ふせ》をいただいていると思うんです」と。

その後、私がこの男性の人生のあらましを知っている限り虎石さんに伝え、火葬の日を迎えた。ケースワーカーから連絡がついた男性の息子さん二人と、お兄さん夫婦が遠来されたのが、私にとっては何よりのうれしい誤算で、さらに、男性の最晩年に交流のあった二人も駆けつけ、七人での見送りになった。

火葬炉の扉が閉まる。

虎石さんは、真宗大谷派である。「仏説阿弥陀経《あみだ》」というお経を唱えてくれた。

「2500年前にお釈迦《しゃか》さんがこう言っておられました。『邪《よこしま》な思いや欲望、執着など体から起こってくることに惑わされた人も、誰もが念仏をもって救われるんだよ。極楽浄土があるからいいんだよ』。思い切り省略すると、そういう内容です」

私は、男性の冥福《めいふく》を祈ると共に、火葬炉の裏側にいる「きれいに焼く」ために尽力してくれるであろう職員に「何卒《なにとぞ》よろしくお願いします」と心の中で頭を下げた。

火葬が完了するのを待つ約五十分の間、息子さんたちと少し話をし、波乱万丈だった男性の人生に思いを馳《は》せた。そのとき、妙だが、文庫化にあたって本書を改めて読み返したときに「皆さん、同じ意味の事柄を口にしていたのかもしれない」と思ったことがよみがえった。

「死を迎えたら、結局みんな平等やなと思えるんですね」（葬儀社社員の堀井久利さん）

「お金のない人ほど、むしろ一所懸命にやってあげたいと思っちゃうんです」（前出の高橋さん）

「お金持ちも貧乏人も、名声のあった人もなかった人もみんな平等」（火葬場の場長、亀山徹さん）

そのような言葉が五月雨《さみだれ》式に頭の中をリフレインした。

収骨が終わった。

「皆さまのおかげをもちまして、滞りなくお収めが終了いたしました」

火葬場の人が低い声で淡々と言い、骨壺《こつつぼ》を木箱に納め、白い布にゆっくりと包んでいった。それは、親指と人差し指以外の指をぴんと張った作業で、手品のようだった。包み終わると、布の四角《よすみ》を用いた大きなハスの花びらができた。できあがった後、ほんの少したわんでいた部分をもう一度さわり、花びらがより美しくなるようにそっと正した。

二〇一七年十二月

井上理津子

主要参考文献

『葬儀概論』碑文谷創（表現文化社・二〇一一年）
『母からの贈り物』竹内恵司（湘風舎・二〇一二年）
『日本の葬式』井之口章次（筑摩叢書・一九七七年）
『「お葬式」の日本史』新谷尚紀監修（青春出版社・二〇〇三年）
『葬祭の日本史』高橋繁行（講談社現代新書・二〇〇四年）
『葬儀と墓の現在』国立歴史民俗博物館編（吉川弘文館・二〇〇二年）
『葬送習俗事典』柳田国男（河出書房新社・二〇一四年）
『生活仏教の民俗誌』佐々木宏幹（春秋社・二〇一二年）
『新修　部落問題事典』秋定嘉和他監修（解放出版社・一九九九年）
『納棺夫日記』青木新門（文春文庫・一九九六年）
『黒地の絵』松本清張（新潮文庫・二〇〇三年）
『ＩＦＳＡの20年』記念誌発行委員会編（一般社団法人日本遺体衛生保全協会・二〇一四年）
『火葬概論』島崎昭（特定非営利活動法人日本環境斎苑協会・二〇一〇年）
『火葬の文化』鯖田豊之（新潮選書・一九九〇年）
『火葬場』浅香勝輔・八木澤壯一（大明堂・一九八三年）

『株式会社戸田葬祭場七十年史』株式会社戸田葬祭場七十年史編纂委員会
『民間に生きる宗教者』高埜利彦（吉川弘文館・二〇〇〇年）
『被差別民たちの大阪　近世前期編』のびしょうじ（解放出版社・二〇〇七年）
『お骨のゆくえ』横田睦（平凡社新書・二〇〇〇年）
『東アジアにおける火葬の考察』嵯峨英徳（京成社・二〇一一年）
『井下清と東京の公園』（東京都公園協会・二〇一四年）
『釈迦内柩唄』水上勉（新日本出版社・二〇〇七年）
『苦労の節約』森本武（ＪＤＣ・一九九九年）
『葬送文化』第14号、第15号（日本葬送文化学会）
『SOGI』通巻91号（表現文化社）
『火葬研究』09号（火葬研究協会）

死の「裏方」を知る

佐々涼子

母は十年かけて少しずつ死んでいった。体中の機能が失われていき、やがて口を動かす機能が失われた。口が動かなければ食べられない。ある日、母のからだに直接栄養剤を送り込むための胃瘻《いろう》の手術をし、その帰りがけに、中華料理屋で母のいない食卓を囲んだ。母が二度と食べることのなかった、あの餃子《ギョーザ》の味を、私は忘れることができないだろう。

あれは生きながら母を弔う通夜《つや》だった。母が少しずつ死に向かう間、私は突き動かされるようにして、濃厚に死の匂《にお》いのする現場に入り、『エンジェルフライト』で国際霊柩《れいきゅう》を、『紙つなげ！』で被災者の再生を描いた。死を間近に感じるのでなければ、弔いの現場など行こうとは思わぬものだ。

では、井上理津子さんは、何を思い『葬送の仕事師たち』の取材に入ったのだろう。彼女は、葬儀の専門学校、遺体の防腐処理をするエンバーマー、納棺師、湯灌《ゆかん》師、火葬場の職員に真正面から取材し、生と死について、深く考えさせられる言葉を聞き出している。時に泣き笑いの混ざるインタビューは、大阪人のキャラクターゆえか。カラッとしてはいるが、決して冷たくはない。太刀筋はまっすぐで、このテーマにあって爽快《そうかい》ですらある。

冒頭、彼女は専門学校の授業を見学している。「腐敗の進行について」教える授業は「穏やかで、軽快な語り口」なのだという。語られることと口調とのギャップに、読者も驚くに違いない。何しろ授業内容は、「時間の経過によって筋肉が弛緩《しかん》していくと、口がガバーと開き、ガスが出始めると目玉も出てきてしまいます」といったことなのだから。しかし、それでも厳しい現場を志す若者たちがいる。

生易しい仕事ではない。遺体は時間とともに腐敗する。事故や事件に巻き込まれた遺体の中には、損傷の激しいものもある。解剖直後の遺体に、蛆《うじ》の湧《わ》いた遺体、風呂《ふろ》釜の中で茹《ゆ》でられてしまった遺体もある。子どもの遺体を抱いたまま離さない親もいれば、従来の葬儀の枠にとらわれない別れを望む遺族もいる。さまざまな状態の遺体、さまざまな立場の遺族に遭遇するが、「仕事師」たちは、持っている技と誠実さで、一生に一度の別れを演出しようと奮闘する。

彼らの壮絶な仕事ぶりと高い職業意識を知るにつれ、根強かった差別感情は薄れ、親族が担《にな》っていた葬儀を代わって行う、感謝される仕事に変化しつつあることに気づくことだろう。そしてまた、遺体の防腐処理技術の進歩により、椅子《いす》に座った故人とお別れするといった、新しい葬儀が出現するかもしれないことに驚かされる。この点、本作は時代の移り変わりを映す風俗史ともなっている。

しかし、どれほど大変な仕事でも、彼らはあくまで黒子の存在だ。三歳児を亡《な》くした家族の立ち直りを目にしたある葬儀社社員のこんな言葉が心にしみる。

「僕ら葬儀屋は『傘』やなと思うんです。亡くなった人のご家族の傘。深い悲しみに陥った家族がやがて一区切りついて日常に戻ると、傘なんか要らなくなる。電車の中に置き忘れられるくらいがちょうどいいんです」

火葬場の章は圧巻だ。私はてっきり、全自動オーブンのようにタイマーをかけておけば、誰でも簡単に骨になると思いこんでいた。だが、違うのだ。遺体を燃え盛る炎で焼き、骨にしていく職人技の描写に、最初は驚愕《きょうがく》するが、やがて心の奥底から、「人の肉体は最後にはこうなるのだ」という乾いた諦《あきら》めと、職員に対する静かな感謝の念が湧き上がってくる。

数か月前に母を焼いた。炉から出てきた遺骨の中に、真っ白くて小さな骨が四つ並んでいた。「これは歯ですね。このお年の方でここまできれいに残るのは珍しいんですよ」と、職員が説明してくれた。長い年月、食いしばったままの母の口を苦労してこじ開け、何十分もかけて磨き、父が執念で守った歯だった。あの遺骨は奇跡のように焼け残ったのではなかった。火葬場の職員の技でもあったのか。

自らの仕事について、決して語らなかった彼らの姿に改めて頭が下がる。きっと、仕事師たちは今日も炉の前で誰かの体が燃えていくのを見守っていることだろう。

第三者取材でここまで死の周辺を網羅している作品を私は知らない。取材の難しい現場にあって大変な労作である。

（ノンフィクション作家、「波」二〇一五年五月号より再録）

この作品は二〇一五年四月新潮社より刊行された。

井上理津子著　さいごの色街　飛田

今なお遊郭の名残りを留める大阪・飛田。この街で生きる人々を十二年の長きに亘り取材したルポルタージュの傑作。待望の文庫化。

井上理津子
団田芳子著　ポケット版　大阪名物
―なにわみやげ―

筋金入りの大阪人が五感を総動員させて選び抜いた極上の品々。旅行、出張、町歩きのお供に。「ほんまもん」にきっと出逢えます。

松本清張著　黒地の絵
傑作短編集(二)

朝鮮戦争のさなか、米軍黒人兵の集団脱走事件が起きた基地小倉を舞台に、妻を犯された男のすさまじい復讐を描く表題作など9編。

石井光太著　蛍の森

村落で発生した老人の連続失踪事件。その裏に隠されていたのは余りにも凄絶な人権蹂躙の闇だった。ハンセン病差別を描く長編小説。

井上雪著　廓のおんな
―金沢　名妓一代記―

七歳の時、百円で身売りされた娘はやがて東の廓を代表する名妓に。花街を生きた女の真実を移りゆく世相を背景に描く、不朽の名著。

松沢呉一著　闇の女たち
―消えゆく日本人街娼の記録―

なぜ路上に立ったのか？　長年に亘り商売を続ける街娼及び男娼から聞き取った貴重な肉声。闇の中で生きる者たちの実像を描き出す。

佐木隆三著　わたしが出会った殺人者たち

昭和・平成を震撼させた18人の殺人鬼たち。半世紀にわたる取材活動から、凶悪事件の真相を明かした著者の集大成的な犯罪回顧録。

網野善彦著　歴史を考えるヒント

日本、百姓、金融……。歴史の中の日本語は、現代の意味とはまるで異なっていた！　あなたの認識を一変させる「本当の日本史」。

保坂渉　池谷孝司著　子どもの貧困連鎖

蟻地獄のように繋がる貧困の連鎖。苦しみの中脳裏によぎる死の一文字――。現代社会に隠された真実を暴く衝撃のノンフィクション。

上原善広著　発掘狂騒史
―「岩宿」から「神の手」まで―

歴史を変えた「岩宿遺跡発見」から日本中が震撼した「神の手」騒動まで。石に憑かれた男たちの人生を追う考古学ノンフィクション。

NHK「東海村臨界事故」取材班　朽ちていった命
―被曝治療83日間の記録―

大量の放射線を浴びた瞬間から、彼の体は壊れていった。再生をやめ次第に朽ちていく命と、前例なき治療を続ける医者たちの苦悩。

佐藤優著　国家の罠
―外務省のラスプーチンと呼ばれて―
毎日出版文化賞特別賞受賞

対ロ外交の最前線を支えた男は、なぜ逮捕されなければならなかったのか？　鈴木宗男事件を巡る「国策捜査」の真相を明かす衝撃作。

黒柳徹子著
トットひとり
森繁久彌、向田邦子、渥美清、沢村貞子……大好きな人たちとの交流と別れを綴った珠玉のメモワール！　永六輔への弔辞を全文収録。

草間彌生著
無限の網
―草間彌生自伝―
果てしない無限の宇宙を量りたい――。芸術への尽きせぬ情熱と、波瀾万丈の半生を、天才自らの言葉で綴った、勇気と感動の書。

神坂次郎著
縛られた巨人
―南方熊楠の生涯―
生存中からすでに伝説の人物だった在野の学者・南方熊楠。おびただしい資料をたどりつつ、その生涯に秘められた天才の素顔を描く。

沢木耕太郎著
流星ひとつ
28歳にして歌を捨てる決意をした歌姫・藤圭子。火酒のように澄み、烈しくも美しいその精神に肉薄した、異形のノンフィクション。

佐藤昭子著
決定版
私の田中角栄日記
田中角栄は金権政治家だったのか、それとも平民宰相なのか。最も信頼された秘書が日記を元に、元首相の素顔を綴った決定版回想録。

佐賀純一著
浅草博徒一代
―アウトローが見た日本の闇―
大正昭和の世相を背景に、浅草で勢力を張った博徒が物語る愛と波乱の生涯。知られざる「日本の闇」を生きたアウトローの告白。

加藤陽子著
それでも、日本人は「戦争」を選んだ
小林秀雄賞受賞
日清戦争から太平洋戦争まで多大な犠牲を払い列強に挑んだ日本。開戦の論理を繰り返し正当化したものは何か。白熱の近現代史講義。

NHKスペシャル取材班編著
日本人はなぜ戦争へと向かったのか
—外交・陸軍編—
肉声証言テープ等の新資料、国内外の研究成果をもとに、開戦へと向かった日本を徹底検証。列強の動きを読み違えた開戦前夜の真相。

早乙女勝元編著
写真版 東京大空襲の記録
一夜のうちに東京下町を焦土と化し、10万の死者で街や河を埋めつくした東京大空襲。無差別爆撃の非人間性を訴える文庫版写真集。

青木冨貴子著
731
—石井四郎と細菌戦部隊の闇を暴く—
731部隊石井隊長の直筆ノートには、GHQとの驚くべき駆け引きが記されていた。戦後の混乱期に隠蔽された、日米関係の真実！

城戸久枝著
祖国の選択
—あの戦争の果て、日本と中国の狭間で—
肉親とはぐれ、中国大陸に取り残されてしまった日本人たち。運命の分かれ道で強いられた重い決断とは。次世代に残す貴重な証言録。

白洲次郎著
プリンシプルのない日本
あの「風の男」の肉声がここに！ 日本人の本質をズバリと突く痛快な叱責の数々。その人物像をストレートに伝える、唯一の直言集。

立川談四楼著

談志が死んだ

「小説はおまえに任せる」。談志にそう言わしめた古弟子が、この不世出の落語家の光と影を虚実皮膜の間に描き尽す傑作長篇小説。

中村 計 著

甲子園が割れた日
―松井秀喜5連続敬遠の真実―

なぜ松井への敬遠は行われたのか。「あの試合」から始まった球児たちの葛藤。15年を経て監督・ナインが語る、熱過ぎる夏の記憶。

中崎タツヤ著

もたない男

世界一笑える断捨離！ 命と金と妻以外、なんでも捨てる。人気漫画『じみへん』作者の、誰も真似できない（したくない）生活とは。

中曽根康弘著

自省録
―歴史法廷の被告として―

総理の一念は狂気であり、首相の権力は魔性である。戦後の日本政治史を体現する元総理が自らの道程を回顧し、次代に残す「遺言」。

野地秩嘉著

サービスの達人たち

伝説のゲイバーのママからヘップバーンを感嘆させた靴磨きまで、サービスのプロの姿に迫った9つのノンフィクションストーリー。

廣末 登 著

組長の娘
―ヤクザの家に生まれて―

生家は博徒の組織。昭和ヤクザの香り漂う河内弁で語られる濃厚な人生。気鋭の犯罪社会学者が聴き取った衝撃のライフヒストリー。

柳田国男著

遠野物語

日本民俗学のメッカ遠野地方に伝わる民間伝承、異聞怪談を採集整理し、流麗な文体で綴る。著者の愛と情熱あふれる民俗洞察の名著。

米原万里著

不実な美女か貞淑な醜女か

読売文学賞受賞

瞬時の判断を要求される同時通訳の現場は、緊張とスリルに満ちた修羅場。そこからつぎつぎ飛び出す珍談・奇談。爆笑の「通訳論」。

養老孟司
宮崎駿著

虫眼とアニ眼

「一緒にいるだけで分かり合っている」間柄の二人が、作品を通して自然と人間を考え、若者への思いを語る。カラーイラスト多数。

P・オースター編
柴田元幸他訳

ナショナル・ストーリー・プロジェクト（I・II）

全米から募り、精選した「普通」の人々のちょっと不思議で胸を打つ実話180篇。『トゥルー・ストーリーズ』と対をなすアメリカの声。

カポーティ
佐々田雅子訳

冷血

カンザスの片田舎で起きた一家四人惨殺事件。事件発生から犯人の処刑までを綿密に再現した衝撃のノンフィクション・ノヴェル！

J・B・テイラー
竹内薫訳

奇跡の脳
—脳科学者の脳が壊れたとき—

ハーバードで脳科学研究を行っていた女性科学者を襲った脳卒中——8年を経て「再生」を遂げた著者が贈る驚異と感動のメッセージ。

新潮文庫最新刊

板倉俊之著
蟻地獄
異才芸人・板倉俊之が、転落人生から這い上がろうとする若者の姿を圧倒的筆力で描く、超弩級ノンストップ・エンタテインメント！

佐藤優著
亡命者の古書店
―続・私のイギリス物語―
ロシア語研修で滞在中のロンドンで、私は自らの師を知った。神学への志を秘めた異能の外交官、その誕生を現代史に刻む自伝。

永栄潔著
ブンヤ暮らし三十六年
―回想の朝日新聞―
新潮ドキュメント賞受賞
〝不偏不党〟朝日新聞で猛然と正義のため闘う記者たちの中、一人、アサヒらしくないブンヤがいた。型破りな記者の取材の軌跡！

青木冨貴子著
GHQと戦った女 沢田美喜
GHQと対峙し、混血孤児院エリザベス・サンダース・ホームを創設した三菱・岩崎家の娘沢田美喜。その愛と情熱と戦いの生涯！

井上理津子著
葬送の仕事師たち
「死」の現場に立ち続けるプロたちの思いとは。光があたることのなかった仕事を描破し読者の感動を呼んだルポルタージュの傑作。

NHKスペシャル取材班著
老後破産
―長寿という悪夢―
年金生活は些細なきっかけで崩壊する！誰もが他人事ではいられない、思いもしなかった過酷な現実を克明に描いた衝撃のルポ。

葬《そう》送《そう》の仕《し》事《ごと》師《し》たち

新潮文庫　い-121-2

平成三十年二月一日　発行

著者　井《いの》上《うえ》理《り》津《つ》子《こ》

発行者　佐藤隆信

発行所　株式会社　新潮社

郵便番号　一六二―八七一一
東京都新宿区矢来町七一
電話　編集部（〇三）三二六六―五四四〇
　　　読者係（〇三）三二六六―五一一一
http://www.shinchosha.co.jp

価格はカバーに表示してあります。

乱丁・落丁本は、ご面倒ですが小社読者係宛ご送付ください。送料小社負担にてお取替えいたします。

印刷・錦明印刷株式会社　製本・錦明印刷株式会社

ISBN978-4-10-126393-9　C0195